Drop·outs

Knapp/Hofstätter/Palank

Drop·outs

Jugendliche nach dem Schulabbruch

Verlag Orac

WIEN · STUTTGART · BERN

Projektteam im ÖIBF

Regina Berger
Brigitte Dax
Klaus Fährmann
Stefanie Herzog
Maria Hofstätter
Hans Hruda
Gabriele Hruda
Ilan Knapp
Joachim Langitz
Tanya Niedermüller
Franz Palank
Gabriele Pawlik
Christine Plank
Axel Preiß
Helmut Starlinger
Sigrid Stefan
Lisbeth Verzetnitsch
Ingrid Waibel
Regine Wieser

ISBN 3-7015-0191-2

Gesamtherstellung: Druckerei Robitschek & Co. Ges.m.b.H., Wien

Unsere Gesellschaft ist trotz gegenteiliger Anstrengungen weitgehend dadurch geprägt, daß die Lebenschancen des einzelnen ganz wesentlich durch Faktoren wie „Besitz und Vermögen, Geschlecht, Bildung usw." beeinflußt werden. Dabei spielt Bildung eine zentrale Rolle für die Entwicklungsmöglichkeiten im Berufsleben. Problematisch an dieser Tatsache ist, daß, wie jüngste Erhebungen gezeigt haben, die Bildungschancen in Abhängigkeit von der Herkunftsfamilie noch immer sehr ungleich verteilt sind.
Eine weitere Tatsache ist, daß die Berufsbildung in der Jugend die weitere Berufslaufbahn meist ganz wesentlich bestimmt und eine Revision oder ein Nachholen von Bildungsabschlüssen, die in der Jugend versäumt wurden, für einzelne oft mit äußerst großen Mühen und Opfern verbunden ist.
Dieser Umstand wird durch das vorliegende Buch des ÖIBF nochmals dokumentiert und führt uns ganz deutlich vor Augen, daß Menschen, die keine Ausbildung in ihrer Jugendzeit absolviert haben, von einer Fülle von Berufs- und Lebenschancen ausgeschlossen werden.
Es ist daher sinnvoll, ein adäquates Erwachsenenbildungssystem aufzubauen, das derartige Benachteiligungen kompensieren kann und so einen Beitrag für den Ausbau der Chancengerechtigkeit in unserer Gesellschaft leisten könnte.
In diesem Punkt läßt sich für Österreich ein großer Nachholbedarf konstatieren. Vor allem müßte der Arbeitsmarktpolitik großzügig die Möglichkeit gegeben werden, nicht nur die Arbeitslosigkeit zu bekämpfen, sondern alle Menschen bei ihrer Weiterentwicklung im Beruf zu unterstützen, was bedeutet, daß auch die berufliche Fortbildung und die Möglichkeit eines Berufswechsels verstärkt gefördert werden sollten.
Somit unterstreicht dieses Buch den großen Umfang der Aufgaben im Bereich der Sozial-, Bildungs- und Arbeitsmarktpolitik, die zur Verbesserung der Chancengleichheit in unserem Land nach wie vor zu lösen sind.

Dr. Walter Geppert
Bundesminister für Arbeit und Soziales

DROP-OUT — eine Zuckerlsorte oder die Beschreibung eines Problems?

„EWIG WÄHRT AM LÄNGSTEN“, „WISSEN IST MACHT — NICHTWISSEN MACHT AUCH NICHTS“, „NO FUTURE“.

Diese Sprüche, stellvertretend für andere, zeigen auf, wie junge Menschen — als „Bildungsaussteiger“ oder „Drop-outs“ bezeichnet — ihre Situation erleben.

Die vorliegende Studie versucht mit Begründungen und Meinungen die oft als „Sonderabfall“ abgestempelten, betroffenen jungen Menschen darzustellen, zu Wort kommen zu lassen, Verständnis für ihre Lage zu erwecken und Lösungsansätze aufzuzeigen.

Eine Gesellschaft, die das Ausgrenzen von jungen Menschen zuläßt, die unterschiedlichen Gruppen ein besonderes Stigma anhängt, wird langfristig damit zu kämpfen haben, die kulturellen, sozialen und wirtschaftlichen Errungenschaften gerecht verteilen zu können. Wir sind aufgerufen, Lösungen und Korrekturmechanismen zu schaffen bzw. zu erweitern, so daß Menschen nicht durch die vorhandene Bildungsstruktur ins Abseits geraten.

Es müssen faire Entwicklungschancen vorhanden sein. Möge dieses Buch auch dazu beitragen, Lösungen und Strategien zu finden oder weiterzuentwickeln, damit jeder Mensch gleichberechtigt in einer demokratischen Gesellschaft mitwirken kann.

Fritz Verzetnitsch
Präsident des ÖGB

Inhaltsverzeichnis

Vorwort

Sozialwissenschaftliche Forschung ist nur so weit von Nutzen, als damit gesellschaftliche Veränderungen bewirkt werden können. Sozialwissenschaftliche Forschung ist somit ein Instrument, überholte gesellschaftliche Situationen aufzuzeigen, zu analysieren und Ablösemechanismen vorzuschlagen. Diesen Weg beschreitend, hat sich ein Autorenteam [1] zusammengefunden, um zukünftige Erfordernisse im Bereich der beruflichen Bildung und beruflichen Situation Jugendlicher verschiedener Gruppen wissenschaftlich zu analysieren.

Als wir das erste entsprechende Werk „Lehrling '81" (erschienen 1981 im ÖGB-Verlag) begonnen haben, dachten wir an eine Trilogie, die schließlich mit „J. o. B.-Report" (Orac Verlag 1983) und „Arbeitslust? Arbeitsfrust?" (Orac Verlag 1985) vervollständigt wurde. Bald jedoch wußten wir, daß es weitere Untersuchungszielgruppen gibt, und so folgte „Wunsch und Wirklichkeit" (Orac Verlag 1987).

Der nun vorliegende fünfte Teil dieser sozialkritischen Reihe, erschienen im Verlag Orac, Wien, befaßt sich mit einer der tragischen Entwicklungen unserer sogenannten Wohlstandsgesellschaft. Immer mehr junge Menschen fallen aus dem Bildungssystem heraus („they drop out"). Die Auswirkungen für diese jungen Menschen sind sozial und wirtschaftlich fatal. Das Gefühl, ein Versager zu sein, führt entweder zur Apathie oder zur Radikalisierung, vor allem in den politischen Einstellungen.

Wir wollen mit dieser Analyse aufwecken und die Gesellschaft zum Handeln animieren. Unser Anliegen ist, daß Sie sich als Leser dieses Buches persönlich betroffen und verantwortlich fühlen, in Ihrem Wirkungsbereich zur Reduzierung der hohen Drop-out-Rate in Österreich praktisch beizutragen.

[1] Maria HOFSTÄTTER, Ilan KNAPP, Richard KOLLER, Franz PALANK, Fritz VERZETNITSCH

Wir möchten an dieser Stelle all jenen danken, die bei der Erstellung der diesem Projekt zugrundeliegenden Forschungsarbeit des ÖIBF (Österreichisches Institut für Berufsbildungsforschung), gefördert durch den Jubiläumsfonds der Oesterreichischen Nationalbank, und des daraus resultierenden Buches mit Rat und Tat beigetragen haben, vor allem Herrn Vizepräsidenten Dkfm. Dr. Heinz Kienzl (OeNB) und den befragten Jugendlichen.

Wien, im Oktober 1989 Das Autorenteam

1. Einleitung

1.1 Bildung und Mißerfolg

Traurige Bilanz zum Schulschluß: Für etwa 65.000 österreichische Kinder gibt es am Zeugnistag keinen Grund zur Freude — sie sind durchgefallen oder müssen im Herbst zu einer Wiederholungsprüfung antreten. Etwa 25.000 werden im Herbst noch aufsteigen können, rund 40.000 müssen eine Klasse wiederholen.

Die meisten „Sitzenbleiber“ gibt es in den allgemeinbildenden und in den berufsbildenden höheren Schulen.

Viele Betroffene, die der Schulpflicht schon entwachsen sind, werden angesichts des Mißerfolges die Schule frühzeitig verlassen. Aufgrund der steigenden Belastungen der Schüler ist in den nächsten Jahren nicht mit einer Änderung der Situation zu rechnen.

Nach einer Zeitungsmeldung vom Juli 1989

Schulschluß, Zeugnisverteilung, Zeit der Schlagzeilen über den Mißerfolg in der Schule oder — leider viel häufiger — über seine Folgen. Längst hat sich die Bevölkerung an Abgängigkeitsanzeigen („Vierzehnjähriger wollte zur Fremdenlegion“) und Familienskandale („Vater schlug zu — Sohn platzte das Trommelfell“) ebenso gewöhnt wie an mehr oder weniger erfolgversprechende Politikerauftritte mit dem Ratschlag an die Betroffenen, den Mißerfolg nicht zu ernst zu nehmen („Minister gesteht: Auch ich war ein schlechter Schüler“).

Mediales Licht fällt auch meist auf die individuellen Tragödien, die sich bevorzugt an solchen Tagen abspielen. Als sich im Jänner 1986 in Oberösterreich ein fünfzehnjähriges Mädchen wegen eines bevorstehenden negativen Semesterzeugnisses mit Benzin übergoß und anzündete, war auf schrecklichste Art der Rahmen abgesteckt, in dem seitens der jungen Menschen mit dem Erlebnis des Mißerfolges umgegangen werden kann.

Mißerfolg in Bildungsgängen aller Art ist nicht nur ein sachliches Scheitern (z. B. in Mathematik, in einer Fremdsprache, in einer Handwerkstätigkeit), sondern stets auch ein soziales Ereignis: „Erfolg bedeutet immer die Veränderung der sozialen Lage des Individuums innerhalb der jeweils geltenden Unten-Oben-Skala in der Richtung nach oben; Mißerfolg bedeutet immer die Veränderung der individuellen Position in der Richtung nach unten." [1]) Je tiefer der Fall erlebt wird, desto stärker wird er mit der bloßen Existenz und möglicher (Selbst-)Vernichtung verknüpft: „Sie wissen nicht weiter, Kandidat Leben? Es ist genug. Mehr dürfen Sie wohl nicht verlangen. Sie können sich setzen." Dies läßt *Torberg* seinen „Schüler Gerber" knapp vor dem Freitod denken. [2]) Erfolgsstreben und Scheitern werden an einer Unten-Oben-Skala ausgetragen:

„Das menschliche Verhalten orientiert sich in doppelter Hinsicht am Erfolg: Wir alle streben den sozialen Erfolg an, um der damit unmittelbar verbundenen Vorteile teilhaft zu werden, wobei es gleichgültig ist, ob diese Vorteile in politischer Macht, in ökonomischer Vorzugsstellung und den daraus fließenden Genüssen, in ideologischen Interessen oder worin immer auch bestehen mögen. Diese Vorteile sind es aber nicht allein, die uns den Erfolg erstrebenswert erscheinen lassen. Wir suchen den Erfolg noch aus einem ganz anderen Grunde: Wir erstreben ihn, weil sich die Bewertung unserer Persönlichkeit durch die menschliche Umwelt vom sozialen Erfolg abhängig erweist; und von dieser Umweltbewertung hängt letztlich auch unser Selbstbewußtsein ab." [3])

Gesellschaftliche Funktion der Schule

Die gesellschaftspolitische Rolle des Bildungswesens mit den zugewiesenen Beurteilungen und Berechtigungen, die Wahrnehmung sozialer Chancen seitens der Individuen erheblich zu beeinflussen, weist Erfolgen und damit auch Mißerfolgen in diesem Bereich eine große lebensgeschichtliche Bedeutung zu. Neben der alltäglichen Schulung des Mißerfolges (Inferioritätserlebnisse, schlechte Noten, Blamagen etc.) als temporäre Erscheinung sind die massiven Selektionsereignisse (Wiederholen von Klassen, Nichterreichen des Schulzieles, Entfernen von der Schule, Verweigerung der Aufnahme) die hauptsächlichen Kontexte schulischen Scheiterns. Durch sie werden oft genug soziale Chancen verpaßt oder verhindert,

bleibt die grundlegende Selektionsfunktion der Bildungseinrichtungen erhalten.
Auch das duale Bildungswesen mit betrieblicher Bildung auf der einen und (berufs-)schulischer auf der anderen Seite ist Bestandteil dieser Ausleseapparatur, die am Ende dieses Jahrhunderts in Österreich eine eigentümliche Färbung bekommen hat. War sie einst ein System der Verknappung höherer Bildung, scheint sie sich derzeit zu einem Filter der Randgruppenermittlung zu entwickeln. Nur mehr 2,1 % der Jugendlichen weisen keine über den Pflichtschulabschluß hinausgehende Bildung auf.[4]) Der Großteil der Jugendlichen schließt über die Pflichtschule hinausgehende Bildungswege ab und verteilt sich mit deutlichem Trend nach oben auf den verschiedenen Stufen der Karriereleiter, wobei bestimmte Positionen über die Angebote des sogenannten „zweiten Bildungswegs“ (ein angesichts der Aufgaben lebenslangen Lernens bereits inferiorer Begriff) zugunsten der Betroffenen vermehrt regulierbar sind.
Diese neue Situation des Bildungswesens muß bildungspolitisch und nicht zuletzt emotional von vielen Kreisen im Land erst verarbeitet werden. Die rapide Entwicklung zur Höherqualifikation bringt sichtbare Statusverluste niedrigerer Bildungsabschlüsse mit sich, die wiederum den Trend zum höheren Abschluß fördern. Engpässe auf niedrigerem Niveau münden daher mit Regelmäßigkeit im Gejammer über die Unvernunft der Bevölkerung und Horrorvisionen über darbende Hochqualifizierte, ohne daß einem in den Sinn käme, über die enorme gesellschaftspolitische Bedeutung der großen Bereitschaft, sich den Erwerb hoher Qualifikationen anzutun, einmal eingehend nachzudenken.

1.2 Wahrnehmung des Drop-out-Problems

Wo die Probleme groß sind, mit den positiven Auswirkungen der Höherqualifikation umzugehen, bleibt umsoweniger Zeit, sich mit den Schwierigkeiten jener zu beschäftigen, die als „Drop-outs“ überhaupt keine Position auf der „Niveauleiter“ aufweisen, deren Versuche also allesamt gescheitert sind, zu weiterführenden Bildungsabschlüssen zu kommen. Einst war dies kein allzuschlimmes Urteil; allseits bekannt ist die Geschichte vom Tellerwäscher, der es zum Millionär brachte. Der Hang der Gesellschaft, ausgerechnet die Schule zur Drehscheibe von Lebenskarrieren zu stilisieren, hat die Chancen der Realisierung solcher Bilderbuchgeschichten gegen Null verschoben.

Die folgende Situation eines Drop-out zeigt, wie krisenhaft und dramatisch heute das Leben eines an den Rand gedrängten jungen Menschen verlaufen kann.

Bericht eines Sozialarbeiters über Karl:

„Er begann eine Lehre als Autolackierer, die ihm auch sehr gut gefiel. Schon in dieser Zeit gab es häufig Alkoholexzesse, bereits mit 15 Jahren kam er am Abend meist betrunken nach Hause. Im Alter von 17 Jahren erlitt er während eines Italienurlaubes einen epileptischen Anfall, dem nach seiner Rückkehr dann weitere folgten. Da am Arbeitsplatz Bedingungen herrschten, die für den Verlauf der Krankheit sehr ungünstig waren (Lack- und Lösungsmitteldämpfe), zudem eine erhöhte Unfallgefahr gegeben war, mußte er die Lehre aufgeben. Wegen des hohen Alkoholkonsums gelang auch die Behandlung der Epilepsie durch Einstellung auf ein geeignetes Medikament nicht. Er sagt, daß ihm das auch gleichgültig war, damals, mit Alkohol waren jedenfalls auch die Probleme mit der Krankheit leichter zu ertragen. Als nächstes fand er Beschäftigung als Lagerarbeiter und Staplerfahrer, einen Staplerkurs brach er ab, da er als Epileptiker keine Prüfung machen darf. Obwohl er mit der Arbeitsstelle zufrieden war und Anerkennung bekam, kündigte er nach einer Auseinandersetzung mit einem Kollegen fristlos. In dieser Zeit hat er auch viel getrunken, er hielt sich viel auf Fußballplätzen auf, wo er häufig in Stänkereien und Schlägereien verwickelt war. Es kam zu einigen Verurteilungen und Haftstrafen. Von der Bewährungshilfe wurde ihm eine Arbeitsstelle in einer Kunsttischlerei in Neulengbach vermittelt. Dort arbeitete er acht Monate, er hatte auch Familienanschluß in der Familie des Chefs. Über eine Freundin, die selber Hanf pflanzte, kam er mit Haschisch in Berührung. Auch Alkoholprobleme wurden wieder akut, sodaß er auch diese Arbeitsstelle wieder verlor.

Zurück in Wien unterzog er sich einer Behandlung in der Drogenstation Kalksburg, wodurch er seine Sucht unter Kontrolle bekam. Er fand eine Arbeitsstelle im Lager einer Baustoffirma und lebte zusammen mit einer Lebensgefährtin. Nach etwa einem 3/4 Jahr zerbrach auch diese Beziehung („sie hat mich nur gebraucht, damit ich ihr ihre Gemeindewohnung renoviere“). Karl begann wieder zu trinken. Dies hatte einige Epilepsiean-

fälle zur Folge, worauf er seinen Arbeitsplatz wieder verlor (häufige Krankenstände).
Anschließend trieb er sich als Obdachloser am Westbahnhof herum und verfiel immer mehr dem Alkohol. Im Jahre 1987 war er wegen einer angeblichen Vergewaltigung zehn Monate in U-Haft, bevor er dann mangels an Beweisen freigesprochen wurde. Aus der Haft entlassen, ging er zurück zum Westbahnhof, wo er in der „Waggonerie“ (in den abgestellten Waggons) nächtigte. Er fand dann eine Beschäftigung als Schaustellergehilfe, war jedoch schwarz angestellt und nur schlecht bezahlt. Nach einem Streit mit dem Chef verließ er den Betrieb und kehrte zum Westbahnhof zurück. Von dort kam er dann über Initiative der Bahnhofsmission in das Caritasheim, wo er seit Herbst letzten Jahres wohnt.“

Solche Schicksale von Drop-outs sind ungleich häufiger zu finden als die folgende Situation eines vorzeitigen Abgängers aus der AHS-Oberstufe, die Seltenheitswert beanspruchen kann:

Michael:
„Momentan bin ich schwer damit beschäftigt, meine Firma, ein Elektrogeschäft, aufzubauen, ich informiere mich weiter über Fachzeitschriften, mehr ist momentan nicht drin. Ich verlier' die Entwicklung aber nicht aus dem Aug'.
Mein Betrieb ist eigentlich ein Ein-Mann-Betrieb, noch ist nichts weiter notwendig, als daß ich mich ordentlich reinknie, ich mein', ich mach' die Buchhaltung noch selber.
Den Schulabbruch bereue ich nicht, überhaupt nicht. Im Gegenteil, ich bin froh darüber, weil ich immer noch das erreicht hab', was ich wollte, ja, es hat nichts mit der Ausbildung zu tun g'habt, die ich genossen hab', und noch weiter genießen hätt' sollen, wobei, ich bin überzeugt davon, daß ich, ja, daß ich mit einer abgeschlossenen Bildung, sei's jetzt Matura oder Studium oder sowas, nicht so weit wäre, wie ich heute bin.“

Für den Großteil der Drop-outs treffen allerdings beide Situationen nicht zu; ihre Verhältnisse sind irgendwo dazwischen zu suchen.
Diese Studie hat sich zur Aufgabe gestellt, die Situation von Drop-outs zu analysieren. Damit sollen einerseits Vorurteile abgebaut, andererseits Perspektiven zugänglich gemacht werden, die es der Gesellschaft ermöglichen, mit diesem Problemkreis in Zukunft besser umzugehen. Zuerst stellt sich natürlich die Frage, was unter dem Drop-out-Begriff zu verstehen ist.

Drop-out — Ein Stigma?

Michael:

„Ich bin ja Schul- und Lehrabbrecher. Gründe für den Schulabbruch waren vor allem Schwierigkeiten in einem ganz bestimmten Fach — das war Latein — und die Unmöglichkeit, da weiterzumachen. Also ich hätt's nicht mehr g'macht. Ich hab' wiederholt — wegen Latein — und hab' wegen demselben Fach schon gesehen, es wird nichts, und hab' dann abgebrochen. Das war in der Siebenten.

Meine Eltern waren natürlich sehr entsetzt. Aber es war meine Entscheidung. Ich hab's dann auch bei den Eltern durchgedrückt, daß die das akzeptieren, mein Vater vor allem schlußendlich. Meine Eltern haben mir noch eine Chance gegeben, einen Lehrberuf zu machen, Elektrotechniker nämlich, und ich hab' das auch begonnen, aber nach einem Jahr bin ich schon von zu Haus' weg, ich hab's einfach nicht mehr ausgehalten, vor allem die Meckereien von meiner Mutter, also, und da war's natürlich auch aus mit der Lehre, weil da spielt auch das Cash mit. Ich war in der Zwangslage, mehr zu verdienen, und mit einem Lehrjob hast ja keine Chance."

Drop-out: Seit etwa 15 Jahren geistert dieses Wort durch die Bildungsplanung. In den deutschen Sprachraum wurde dieser Begriff zunächst von der Bildungsökonomie der späten sechziger Jahre eingeführt; kurz darauf war der bildreiche Ausdruck kaum mehr aus der bildungspolitischen Debatte wegzudenken. Drop-out ist ein Begriff der Effizienzkritik an Bildungseinrichtungen geworden, die durch ihn in der Öffentlichkeit nicht unerheblich unter Druck geraten können, egal, ob es sich um Pflichtschulen, höhere Schulen oder Universitäten handelt.

Drop-out gehört zu jenen Begriffen, bei denen man auf Anhieb zu wissen glaubt, was damit gemeint ist — ein Umstand, der diesem Ausdruck zu einer beachtlichen „Karriere" in der öffentlichen Meinung verhalf, zumal diese in der Reformdebatte um 1970 für die damit ausgesprochene Thematik sehr empfänglich war. Das Mißtrauen in die Bildungsinstitutionen war groß, und das „Rausfallen" größerer Schüler- oder Studentenanteile ohne positiven Abschluß wurde als Beleg für das Versagen der Einrichtung betrachtet. In den USA, der „Heimat" des Drop-out-Begriffs, fanden diese Debatten schon weitaus früher statt. Sie provozierten unter anderem *Goodman* (1965) zur grundsätzlichen Infra-

gestellung der Bildungsinstitutionen, nachdem der nach dem sogenannten „Sputnik-Schock“ aufgekommene Reformeifer etwas erlahmt war.
In der „Neuen Welt“ stellt übrigens die Tatsache, ein „Drop-out“ zu sein, einen außerordentlich großen persönlichen Makel dar. Nicht zufällig wird das Thema im Kontext stigmatisierender Attribute einer Person (*Goffman* 1971) und spezieller Sozialtechniken der Betroffenen angesprochen. *Peters* (1988) beschreibt in seinem Essay über den Drop-out an Universitäten diesen Zusammenhang: Wie bedeutsam der Drop-out für die Bildungseinrichtungen ist, lasse sich daraus ersehen, wie sie von „ihren“ Abbrechern sprechen. In den USA hat, wie er schreibt, der Begriff „Drop-out“ eine diskriminierende Bedeutung. Er stellt ein „bad word“ dar, das den Abbrecher als einen unordentlichen, eigentlich asozialen Menschen bezeichne und ihn in die Nähe der Kriminellen stelle. Für die Institution sei er ein „Abgang“, „doch wird dieser Vorgang nicht mit einem neutralen Wort der Verwaltungssprache bezeichnet, sondern mit so schwerwiegenden und dramatisierenden Worten wie ‚non-survivor‘. Die Abbruchquote wird dementsprechend auch ‚mortality rate‘ genannt. Bezeichnenderweise wurde zur Erklärung des Drop-out-Vorgangs *Durkeim's* ‚Theorie des Selbstmordes‘ herangezogen. Unser salopper Ausdruck ‚Karteileiche‘ weist eine ähnliche Richtung. Auch hierzulande sind die Abbrecher für die Institution gewissermaßen gestorben.“ [5])
Mißerfolg und Vernichtung liegen also auch in unserem Sprachgebrauch erschreckend nah beisammen.

Drop-out und Schulreform

Drop-out markiert einen außerordentlich bewegten Sektor des Bildungsgeschehens, der Kritikern große Angriffsflächen bietet. Die Institutionen reagierten daher eher empfindsam auf den Vorwurf, für hohe Drop-out-Quoten die Verantwortung zu tragen und nicht fähig zu sein, aus den Lernenden erfolgreiche Absolventen zu machen. Ihre Antworten künden in den sechziger Jahren von Defensive und Druck in Richtung Reform:

Auf der Unterstufe des Sekundärbereichs
„bestehen in Österreich 4 parallele Bildungsgänge mit unterschiedlichen Leistungsansprüchen. Zu Mängeln in der Funktionsfähigkeit dieses Systems führen:

— die geringe Voraussagesicherheit des Schulerfolges bei einer Schulbahnentscheidung bereits nach der Grundschule;
— die nivellierende Wirkung des Systems, das nur Schülern mit einheitlichem Begabungsprofil gerecht wird;
— die Unmöglichkeit, alle Schultypen überall in gleicher Weise erreichbar zu machen (regionale Chancenungleichheit);
— das unterschiedliche Bildungsbewußtsein und Bildungsinteresse der Eltern aus verschiedenen sozialen Schichten, das die Schulbahnentscheidung trägt.

In einem solchen System ist mit Schwierigkeiten hinsichtlich der Verwirklichung des Postulates der Demokratisierung und Individualisierung der Schule zu rechnen; Möglichkeiten zur Verbesserung des Systems sollen mit Hilfe der Schulversuche gefunden werden." [6])

Dieses Selbstbild verdient auch insoferne Beachtung, weil knapp zuvor in Mitteleuropa noch ganz andere Argumentationsketten gebräuchlich waren: etwa die „traditionsreiche" Ideologie der „Begabung" oder der Elitenstolz der harten „Auslese". Biologistische (psychologistische) und sozialdarwinistische Leitbilder gerieten ins Schleudern, während sich die sozial- und institutionenkritische Plattform verbreitern konnte.

Von dieser Trendverschiebung zehrt die bildungspolitische Debatte trotz diverser Rückschläge der kritischen Position bis heute; geblieben ist auch der Drop-out-Begriff. Die Institutionen haben sich an ihn ebenso gewöhnt wie an den Fortbestand der Tatsache, daß viele Lernende vor allem in höheren Bildungseinrichtungen frühzeitig ausscheiden. Bildungspolitiker versuchten viele Jahre nicht ohne Erfolg, das Thema unter den Tisch zu kehren. Bemüht wird der Drop-out-Vorwurf nur gelegentlich und meist dann, wenn es gilt, auf jüngere, noch wenig etablierte Einrichtungen loszuhacken, im scheinheiligen Interesse an ihrer Legitimation. Dabei wird oft übersehen, wie sehr die Fragenden selbst im Glashaus sitzen und wie wenig die Institutionen tatsächlich gelernt haben, über politisch behütetes Verdrängen hinaus mit der Sache umzugehen.

„Drop-out“ als ökonomische Metapher

Streng genommen, ist der Drop-out-Begriff selbst schon Ausdruck dieses Mangels. Wie bei vielen anderen Begriffsentwicklungen der Sozialwissenschaft besteht der Verdacht, er stelle eine bestimmten Realitätsbezügen entlehnte Metapher dar, die, auf neue Kontexte angewendet, verhindert, diese begrifflich zu erfassen und auszugestalten.
Die Bildungsökonomie ist bekannt für ihre stete Neigung zum Ökonomismus, also zum Mißbrauch ökonomischer Theoriepartikel für andere Praxisbereiche. Auch für den „Drop-out“ gibt es in der Ökonomie probate Analogien, getragen von den Begriffen „Ausschuß“ und „Abfall“, die natürlich in der Produktionswirtschaft ihren legitimen Platz haben:

„Diejenigen bei der Produktion erzeugten Halb- und Fertigerzeugnisse, die jeweils vorgegebene Qualitätsanforderungen nicht erfüllen, werden als Ausschuß bezeichnet... Das prozentuale Verhältnis von Ausschußmenge zur Menge der ‚guten‘ Produktion wird als Ausschußquote bezeichnet.“[7])

Die Erkennung, Verwertung, Verhinderung und Bilanzierung des Ausschusses sind deshalb äußerst wichtige Aspekte erfolgreichen Produzierens. Während Bildungseinrichtungen in der Regel den Vergleich mit der „Produktion“ im ökonomischen Sinne scharf zurückweisen, ist das Liebäugeln mit ihr bei „Drop-out“ und „Drop-out-Raten“ offenbar gestattet.
Der Ausgangspunkt der Definition von Drop-outs klingt banal:
Bürokratisch zählbar werden diejenigen, die zu einem bestimmten Zeitpunkt nicht (mehr) als Klienten der Institutionen aufscheinen.
Dabei ist nicht einmal ausgesagt, ob dies ein Abschied auf Dauer war, ja schon Erfassungsfehler am Computer können „Drop-outs“ erzeugen (oder auch verhindern). War es schließlich wirklich das Ende der Beziehung, bleibt der Auflösungskontext eine Black-Box und damit erst recht erklärungsbedürftig.

1.3 Zur (Neu-)Definition des Abganges

Claudia:
„Meine Eltern haben sich halt immer vorgestellt, Matura machen und studieren, aber es war, also es war schon schlimm, aber es war keine Katastrophe. Die Mutter, die ist überhaupt mehr so für handwerklich und so, mein Papa, der hätt' halt gern g'habt, alle drei, daß wir also irgendwie studieren, und alle drei haben wir also einen Handwerksberuf g'macht."

Mit dem Drop-out-Begriff wird zunächst die Tatsache angesprochen, daß aus Bildungseinrichtungen eine mehr oder weniger große Zahl von Lernenden ohne positives Abschlußzeugnis scheidet. „Als Versager wurden jene Schüler bestimmt, die wegen unzureichender Leistungen von ihrer Schule die Berechtigung zum Aufstieg in die nächsthöhere Klasse nicht erhielten. Nach dieser Definition sind auch jene Schüler, die während des Jahres das Gymnasium mit einem ungenügenden Erfolg verlassen haben, zu den Versagern zu rechnen."[8])

Das Ausscheiden ohne positives Abschlußzeugnis ist grundsätzlich kein stigmatisierender Prozeß. Immerhin gibt es auch nicht ungewichtige Bildungseinrichtungen, speziell in der Erwachsenenbildung, die solche Zeugnisse gar nicht vergeben (können). Defizitär für die Betroffenen wird der Abgang nur dann, wenn mit dem Zeugnis Berechtigungen verbunden sind, die den vorzeitigen bzw. negativ beurteilten Abgängern verwehrt sind. Aber auch dies ist eigentlich zunächst eine individuelle und keine gesellschaftlich negativ wirkende Problematik; denn fällt beispielsweise ein Schlosser bei der Meisterprüfung durch, kann er noch immer eine gut verwendbare Fachkraft bleiben. Schafft etwa ein Student das Hochschulstudium nicht, bleibt er noch immer ein Maturant mit universitärer Zusatzqualifikation. Der verfehlte Abschluß eines Bildungsganges bringt hier der Gesellschaft keine Nachteile, vielleicht sogar längerfristig nicht einmal dem Betroffenen selbst.

Prekär wird die Situation allerdings dann, wenn Abbrecher aufgrund dieses Versagens nicht mehr verwertbare oder zu geringe Qualifikationen aufweisen. Wenn also das Minimum an Kenntnissen und Fertigkeiten unterschritten wird, das für berufliche Tätigkeiten formell oder informell seitens der Gesellschaft erwartet wird. Traditionellerweise wird die Minimalqualifikation mit dem erfolgreichen Abschluß der Schulpflicht definiert. Dies war natürlich stets eine ungenaue Definition, die lange Zeit eher unterlaufen werden konnte, wenn es um das Einreihen in das Heer der un- und angelernten Arbeitskräfte ging. Heute haben sich die Verhältnisse eher umgekehrt: Gegenüber dem formellen Minimum der Schulpflicht hat sich informell eine neue Anforderungsebene herausgebildet, die in der Absolvierung weiterführender Bildungsgänge über die Schulpflicht hinaus definierbar ist.

Tatsächlich entspricht der größte Teil der Jugendlichen in unserem Land dieser Anforderung, wenn nur mehr etwa 2,1 % jedes Jahrgangs nach der Pflichtschulzeit keine weiterführenden Bildungsgänge wahrnehmen. Für den „bildungsunwilligen" Rest bzw. für diejenigen, die in den weiterführenden Bildungsgängen scheitern, wird die Lage zumeist wenig rosig beschrieben. Auf sie warte in der Regel eine berufliche Zukunft, in der sie:
— die unangenehmsten und schlechtest bezahlten Arbeiten machen müssen
— ständig von Arbeitslosigkeit bedroht sind
— häufig den Arbeitsplatz wechseln müssen
— keine Aufstiegschancen haben
— sozial an den Rand gedrängt werden. [9])

Hier wird Drop-out als gesellschaftliches Problem artikuliert. Wo Minimalqualifikationen (so vage sie auch definiert sein mögen) fehlen, sind die Perspektiven dunkel und bedarf es besonderer Anstrengungen, die Ausschließungsmechanismen samt ihrer Brutalität zurückzudrängen. Die Gesellschaft braucht taugliche Konzepte zur Integration des an den Rand gedrängten Drop-outs.

Voraussetzung für geeignete Maßnahmen ist natürlich die Klarheit über die reale Situation der Betroffenen. Dieses Anliegen stellt die Studie in den Vordergrund.

Zweck der Untersuchung

Drop-out wird hier als spezielles Phänomen des Bildungswesens betrachtet, das allen Beteiligten meist zum Schaden gereicht: dem Abbrecher, der sich vieler Lebenschancen begibt, der Berufswelt, der es an qualifizierten Kräften mangelt, und der Gesellschaft insgesamt, die in ihrer Komplexität besondere Anforderungen an öffentliches und privates Handeln stellt. „Drop-out" meint stets das Phänomen des Verfehlens formeller oder informeller Standards des allgemeinen Qualifikationsminimums. *Nicht* gemeint sind jedoch die fließenden Übergänge innerhalb der gesellschaftlich relevanten Qualifikationsstruktur, auch wenn ein naives Bewußtsein etwa die Verhältnisse an den Universitäten aus der Volksschulperspektive betrachtet oder Individuen den Abgang aus Institutionen als große persönliche Niederlage begreifen.

Damit ist der Drop-out-Begriff auch der Leistungsmystik und der Fetischisierung von Zeugnissen entwunden, die ihn zum „bad word" einer darauf fixierten Gesellschaft werden lassen. Nicht mehr die Niederlage des einzelnen, sondern diese nur als gleichzeitige Niederlage aller rückt ins Zentrum seiner Bedeutung.

Die folgende Untersuchung ist in sechs Abschnitte gegliedert:

— sozialer Hintergrund des Scheiterns in Bildungseinrichtungen
— Deskription der negativen Karriere in Bildungseinrichtungen
— aktuelle berufliche Situation von Schulabsolventen
— soziale Lage von Abbrechern
— Lebensperspektiven ehemaliger Schulabbrecher
— politische Einstellungen.

Auf diesen Ebenen wird die Situation von Drop-outs in unserer Gesellschaft exemplarisch beleuchtet. Neben den Darstellungen von Ergebnissen zur Fragebogenerhebung werden, wie schon in der Einleitung, Drop-outs selbst zu Wort kommen. Ihre Aussagen wurden hier sprachlich nur vorsichtig redigiert, um die Gesprächsatmosphäre möglichst originalgetreu wiederzugeben. Diese Gespräche zeigen mehr als jede Zahl, wie wichtig es für die Gesellschaft ist, diesen Gruppen von Jugendlichen gegenüber verständnis- und handlungsfähig zu werden.

2. Drop-outs — Angaben zur persönlichen Lage

„Be cool baby"
„Auch Sommersprossen sind Gesichtspunkte"
„Firma Rast und Ruh, vormittags geschlossen — nachmittags zu"
„Wissen ist Macht — nichts wissen macht auch nichts"
„Born to love"
„Today is life — tomorrow never comes"
„Auge um Auge erblindet die Welt"
„Keine Angst, wir sind ja da"
„Wer früher stirbt, ist länger tot"
„Sprengt die Alpen, freie Sicht aufs Mittelmeer"
„Nichts wie weg — es gibt viel zu tun"
„Liebe statt Hiebe"
„Wer nicht will, der hat schon"
„Die Weisheit verfolgt mich, doch ich bin schneller"
„Jeder Tag ist ein neuer Anfang"
„Take it easy"

Drop-out-Sprüche

Gespräch mit Christian:

„Was sind die Gründe für Deinen Schulabbruch? Du hast gesagt, Du hast die HTL abgebrochen."

„Ja, ich habe schlechte Noten gehabt, oder, habe mich mit den Lehrern auch nicht gut verstanden, und dann hat es mir halt nimmer taugt, oder, und dann hab ich sie eben abgebrochen."

„Und wann war das?"

„Ja, wann war das? Vor ein paar Wochen."

„Und wie alt bist Du jetzt?"

„16, ich war in der zweiten Klasse praktisch. Ich habe Hauptschulabschluß gemacht nach der 10. Klasse und bin dann auf die HTL. Das erste Jahr ist ziemlich gut gegangen, aber das zweite Jahr ..., es wird immer schwieriger, und das Lernen hat mir keinen Spaß gemacht, und da habe ich es eben abgebrochen."

„Und warum bist Du auf die HTL gegangen?"

„I' hab mir halt gedacht, HTL ist immer gut, oder?"

2.1 Soziale Herkunft

Originalton

Im Gespräch mit vielen Drop-outs fällt auf, daß — verglichen mit gesellschaftlichen Ansprüchen an ein „normales" Leben — oft schon sehr früh Sand ins Sozialisationsgetriebe geriet.

Hilde:
„Ich war bis zu meinem sechsten Lebensjahr bei meinen richtigen Eltern, habe zwei Brüder, und dann bin ich mit meinen Brüdern ins Zentralkinderheim gekommen, dort waren wir sechs Jahre lang. Es hat Schwierigkeiten mit meinen Eltern gegeben, sie haben sich nicht mehr gekümmert, wir sind die ganze Zeit alleine zu Hause gewesen, und dann haben sie uns abgeholt. Und wir sind nach dem Kinderheim zu Pflegeeltern gekommen, da sind meine Brüder jetzt noch in Niederösterreich draußen."

Yvonne:
„Das ist so, meine Geschwister sind sehr viel jünger als ich, meine Eltern sind geschieden, und da hat mein Vater wieder geheiratet, und da sind noch zwei kleinere Geschwister da. Nein, nicht bei den Eltern, sondern bei meiner Oma zuerst nach der Scheidung, bis mein Vater wieder geheiratet hat. Ich habe einen Bruder, der ist bei meiner Mutter aufgewachsen, die hat gesagt, sie will sich durch die Kinder nicht das Leben verderben lassen, und so hat mich mein Vater zu Oma gegeben, die konnte aber nur ein Kind bei sich aufzieh'n, deswegen ist mein Bruder bei meiner Mutter geblieben, keine Ahnung, warum mein Vater mich ausgewählt hat. Aber meine Mutter, die ist so kalt, zeigt keine Gefühle, da bin ich direkt froh."

Christian:
„Ich habe auch Zoff mit den Eltern gehabt, oder, weg's der Schule, mit den Eltern bin ich auch nicht gut zu reden, momentan, und da hab' ich mir denkt, scheiß drauf.
Vorher habe ich zehn Jahre bei meiner Oma gelebt, und die hat mich ganz anders erzogen wie die Eltern, die Umstände waren ziemlich schwer, ist ja eh klar, und dann bin ich vor fünf Jahren zu meinen Eltern gekommen, und da hab' ich keine Leute gekannt und so."

Dialog mit Norbert:
„Bist Du bei Deinen Eltern aufgewachsen?"
„Ich lebe jetzt noch bei ihnen."
„Wieviele Personen leben bei Euch im Haushalt?"
„Insgesamt sind wir acht Personen mit der Oma."

Bericht eines Sozialarbeiters über Karl:
„Seine Eltern haben sich scheiden lassen, als er zwei Jahre alt war. Mit seinem Stiefvater, dem zweiten Mann seiner Mutter, hat er immer Schwierigkeiten gehabt, obwohl sich dieser viel mit ihm beschäftigte, vor allem brachte er ihm verschiedene Sportarten bei. Er wollte jedoch nicht mit ihm, bezeichnet sich selbst dabei als sturen Bock.
Als er neun Jahre alt war, übersiedelte die Familie von der Wagramer Straße in die Großfeldsiedlung. Hier herrschte ein rauhes Klima unter den Kindern, Bandenkriege und Schlägereien standen auf der Tagesordnung. Mit 13 Jahren gipfelten die Konflikte mit dem Stiefvater in einem Faustschlag, den ihm dieser ins Gesicht versetzte und der Karl das Nasenbein brach. Die Situation in der Familie wurde offensichtlich immer unerträglicher. Als Karl die vierte Klasse Hauptschule wiederholen mußte, wurde er ins Erziehungsheim auf der Hohen Warte im 19. Bezirk gesteckt. Die Schule hat ihn schon vorher nicht mehr gefreut, was auch den mangelnden Erfolg erklärt."

Soziale Herkunft — Analyse

Ist die Situation wirklich so einfach beschreibbar? Ist wirklich ein direkter Zusammenhang von Familienkrise und Drop-out konstruierbar? Nun, es wäre sicher zu billig, das Problem ganz einfach auf die Familie abzuschieben; Aufmerksamkeit ist dennoch geboten. Denn die Situation in der Herkunftsfamilie ist bei vielen Drop-outs von Besonderheiten geprägt, die eingehendere Beachtung verdienen.
Erstens scheint bei den Schulabbrechern der Anteil kinderreicher Herkunftsfamilien eher hoch zu sein. Nur 17,7 % der Befragten geben an, keine Geschwister zu haben, hingegen haben jeweils 37,7 % mehr als einen Bruder oder eine Schwester. In der Tat haben es Kinder aus kinderreichen Familien in der Regel schwerer, positive Schulkarrieren zu absolvieren. [10]) Es fehlt die ständige Konzentration der Eltern auf die Entwicklung der einzelnen Kinder, weil die Aufmerksamkeit auf mehrere verteilt werden muß. Da Schulerfolg in vielen Fällen erst über die intensive Lernförderung bzw. Disziplinierung durch die Eltern möglich wird, wirken sich die „Defizite" an Aufmerksamkeit oft genug hemmend auf die schulischen Leistungen aus.
Nebenbei sei angemerkt, daß hier ein Kernproblem des Schulunterrichts angesprochen ist: Die inhaltliche und di-

daktische Unfähigkeit der Institution, mit der zur Verfügung gestellten Zeit das Auslangen zu finden und daher einen erheblichen Teil des Begreifens, Übens, Wiederholens und Anwendens ganz einfach auszulagern und den Familien zu überlassen. Was in der industriellen Fertigung undenkbar ist, nämlich das Werkstück den Arbeitnehmern zwecks Fertigstellung oder „Veredelung“ nach Hause mitzugeben, ist in der Schule trotz fortlaufender Anpassung der Schulzeit an die berufliche Wochenarbeitszeit (die Ganztagsschule ist de facto länger verwirklicht) selbstverständlich.

Frage an Yvonne:
„Haben Dich Deine Eltern unterstützt beim Lernen?“
„Überhaupt nicht.“

Wenn Väter oder Mütter zynisch davon sprechen, sie gingen mit ihren Kindern ein zweites Mal, drittes Mal oder noch öfter zur Schule, so ist jenes Thema ebenso gemeint wie die damit verbundene Tatsache, daß diese „Milizlehrer/innen“ in der Regel ihre Aufgaben umso besser erfüllen, je vertrauter sie selbst mit der Schulrealität in der eigenen Jugendzeit geworden sind. Kinder aus Elternhäusern mit geringer Schulerfahrung haben daher weniger häuslichen Rückhalt als Kinder schulerfahrenerer Eltern.

Schulferne

Hier bringt die vorliegende Untersuchung zunächst ein eher unauffälliges Resultat. Der Anteil der Väter von Schulabbrechern, die nur Pflichtschulabschluß besitzen, ist mit 27,4 % zwar hoch, aber nicht sonderlich auffällig. Bei den Müttern allerdings ändert sich das Bild: Nicht weniger als 43,1 % der Mütter von Schulabbrechern haben keine über die Pflichtschule hinausgehende Ausbildung absolviert. Dieses Argument wirkt umso schwerwiegender, als Mütter sich eher Zeit nehmen, ihren Kindern beim Lernen zu helfen, als Väter.
Damit aber nicht genug. Befindet sich die Herkunftsfamilie in dörflichen Milieus, steigt der Anteil der Väter mit ausschließlicher Pflichtschulbildung auf 53,0 %, der Anteil der

Mütter auf 64,3 %. Im kleinstädtischen Rahmen liegen die Werte niedriger (Väter: 29,0 %, Mütter: 49,5 %), die Botschaft ist jedoch eindeutig: Kinder aus einem schulfernen Elternhaus sind anfälliger für negative Schulkarrieren.

Tabelle 1:
Schulabschluß des Vaters
(N = 660, Angaben in %)

	Volksschule	Hauptschule	Poly-techn. Lehrg.	Berufsschule	Fachsch. ohne Matura	AHS-Unterstufe	AHS-Oberstufe	Fachsch. mit Matura	Universität/ keine Hochschule	
bis 5.000	21,2	25,0	5,8	26,9	5,8	—	1,9	3,8	9,6	—
5—100.000	13,4	13,4	3,0	37,3	11,4	0,5	5,5	6,5	6,5	2,5
über 100.000	5,2	13,0	5,2	30,1	12,2	1,9	6,1	9,1	16,0	1,1
Total	9,3	14,1	4,6	32,2	11,4	1,3	5,5	7,8	12,4	1,5

Tabelle: ÖIBF

Tabelle 1a:
Schulabschluß der Mutter
(N = 660, Angaben in %)

	Volksschule	Hauptschule	Poly-techn. Lehrg.	Berufsschule	Fachsch. ohne Matura	AHS-Unterstufe	AHS-Oberstufe	Fachsch. mit Matura	Universität/ keine Hochschule	
bis 5.000	24,5	34,0	5,7	15,1	11,3	1,9	—	1,9	5,7	—
5—100.000	14,5	27,5	7,5	22,5	16,0	1,0	4,0	1,5	3,0	2,5
über 100.000	8,0	19,9	9,0	25,8	14,1	2,1	7,7	5,1	6,1	2,1
Total	11,4	23,5	8,3	23,8	14,5	1,7	5,9	3,7	5,1	2,1

Tabelle: ÖIBF

In diesem Zusammenhang dürfen auch nicht die Veränderungen übersehen werden, die sich in den letzten beiden Jahrzehnten speziell im Qualifikationssektor abgespielt haben. Der in der Elterngeneration der Schulabbrecher bundesweit noch durchschnittlich 18,6 % umfassende Anteil der Pflichtschulabgänger ohne weiterführende Ausbildung ist zwischenzeitlich auf ca. 2,1 % geschmolzen. Die Hälfte der Jugendlichen besucht weiterführende Schulen, der Anteil der dualen Bildungsgänge blieb mit 45,0 % etwa gleich.[11]) Dies bedeutet erhebliche Diskrepanzen zwischen Schulerfahrung der Eltern und Schulerleben der Kinder auch in anderen Zonen, insbesondere im Erfahrungsbereich der dualen Bildung. Hier sind weitere, verstärkende Effekte der Auswirkungen von Schulferne anzunehmen, die schwer in Zahlen übersetzbar sind.

„Ja also damals, da haben wir schon lang gekämpft mit ihr. Ihr hat die Schule halt so überhaupt keinen Spaß mehr gemacht, sie hat dann auch überhaupt nichts mehr getan, sie hat auch oft Schule geschwänzt, also, wie wir das bemerkt haben, waren wir schon sehr getroffen. Sie hat das irgendwie so hinter unserem Rücken gemacht, obwohl wir doch immer versucht haben, alles auszusprechen, wir haben uns immer mit ihr hingesetzt und versucht, so emotionslos wie möglich alles durchzusprechen, ja aber damals war unser Vertrauen schon sehr enttäuscht worden, wo wir ihr doch auch wirklich viel Nachhilfestunden gezahlt haben, und dann ist sie nicht einmal mehr hingegangen, das war dann irgendwie rausg'hautes Geld.“

Trennung von den Eltern

Ein weiteres Argument, das in der Literatur in engem Zusammenhang mit Schulversagern gesehen wird[12]), betrifft Krise, Unvollständigkeit und Auflösung der Herkunftsfamilie.

Beziehungskonflikte der Eltern bleiben nicht ohne Einfluß auf die Entwicklung der Kinder, insbesondere dann, wenn es zur Trennung der Eltern kommt.

Die Untersuchung liefert neue Beweise für diese These. Insgesamt jede(r) vierte Befragte hatte getrennt lebende Eltern, wobei der Anteil im städtischen Milieu (33,3 %) ungleich höher war als auf dem Land (15,1 %). Die Trennung der Eltern erfolgte großteils vor dem 14. Lebensjahr der späteren Schulabbrecher (71,9 %).

Tabelle 2:
Beziehungssituation der Eltern
(N = 660, Angaben in %)

Gemeindegröße	Eltern getrennt	Eltern zusammen
bis 5.000	15,1	84,9
5—100.000	20,0	80,0
über 100.000	33,3	66,7
Total	27,5	72,5

Tabelle: ÖIBF

Tabelle 3:
Zeitpunkt der Trennung der Eltern
(N = 660, Angaben in %)

Alter	
bis 7 Jahre	40,5
über 7 bis 14 Jahre	31,4
über 14 bis 18 Jahre	21,6
über 18 Jahre	6,5

Tabelle: ÖIBF

Der Tod eines Elternteils, wenngleich meist schmerzhafteste Form der „Trennung“, scheint merkwürdigerweise weit weniger Einfluß auf Schulkarrieren zu haben, obwohl 14,2 %

der Befragten mit dem Ableben des Vaters und 6,9 % mit dem Ableben der Mutter Halbwaise geworden sind. Allerdings: Jeweils die Mehrheit der Betroffenen war zu diesem Zeitpunkt bereits älter als 14 Jahre, die Aussagekraft der Daten wird dadurch verzerrt.

Tabelle 4:
Drop-outs, Tod eines Elternteils
(N = 660, Angaben in %)

	lebt	tot
Vater	85,8	14,2
Mutter	93,1	6,9

Tabelle: ÖIBF

Tabelle 5:
Alter des betroffenen Kindes beim Tod eines Elternteils
(Angaben in %)

Alter	Tode des Vaters (N = 93)	Tod der Mutter (N = 45)
bis 7 Jahre	17,1	22,5
über 7 bis 14 Jahre	30,5	22,5
über 14 bis 18 Jahre	17,1	25,0
über 18 Jahre	35,4	30,0

Tabelle: ÖIBF

Finanzielle Situation

Die Chancen von Kindern und Jugendlichen, Bildungswege erfolgreich abzuschließen, hängen in hohem Maße von der Unterstützung ab, die sie von der Familie erfahren können. Die Grenzen, die dabei von der Schulbildung der Eltern ge-

zogen werden, wurden bereits ausführlich besprochen. Es handelt sich dabei aber nicht um die einzigen häuslichen Hindernisse, die gelegentlich zu unüberwindlichen Barrieren anwachsen können. Auch die finanzielle Lage der Eltern und ihre Bereitschaft, Bildungsgänge der Kinder zu finanzieren, können die Chancen auf Schulerfolg massiv beschneiden.[13]) Allerdings dürfen die Erleichterungen bezüglich der Erreichbarkeit von Bildungseinrichtungen (Streichung von Schulgeld und Gebühren, Stipendien) sowie die durchschnittliche Finanzkraft der Haushalte in den letzten beiden Jahrzehnten dieses früher massiv intervenierende Problem etwas zurückgedrängt haben.
Die Untersuchung belegt den Trend, ohne allerdings zu voreiligen Schlüssen zu verleiten: 72,5 % geben an, daß ihre Eltern es sich leisten konnten, ihnen eine Lehre oder weiterführende Schule zu finanzieren. Konnten die Eltern finanziell mit, waren sie auch bereit, die Finanzierung aufzubringen. Erfreulich ist hier die hohe Übereinstimmung der Werte in Stadt und Land, unterschiedlichen Regionen sowie auch bezüglich der Geschlechter.
Dennoch bleiben in der Gruppe der befragten Abbrecher erhebliche Minderheiten, deren Eltern entweder nicht in der Lage (27,5 %) oder nicht bereit (30,0 %) waren, eine weiterführende Bildung ihrer Kinder zu finanzieren.

Tabelle 6:
Finanzierung von Bildungsgängen der Kinder durch die Eltern, Leistungsfähigkeit und Finanzierungsbereitschaft
(N = 660, Angaben in %)

	Leistungsfähigkeit	Bereitschaft
eher ja	72,5	70,0
eher nein	27,5	30,0

Tabelle: ÖIBF

Finanzielle Enge ist also nach wie vor ein wichtiger Faktor reduzierter Wahrnehmungschancen von Bildungswegen. Finanzierungsbereitschaft ist eng an Finanzierungsfähigkeit gebunden, wenngleich damit auch nur ein Teil familiärer Hilfsbereitschaft gemeint ist.
Entgegen mancher Selbstdefinition sind die Bildungseinrichtungen ein emotional ziemlich frostiger Ort. Ist ihr Besuch mit Mißerfolgserlebnissen und dem Stigma des Versagens verbunden, wird die Kälte umso spürbarer und bedrückender. „Drop-out“ ist oft ein „Cool-out“.

2.2 Unterstützung durch das Elternhaus

Der schulexternen Umwelt kommt in solchen Situationen große Bedeutung zu. Wird die eisige Stimmung in der Familie fortgesetzt oder dort gar noch verstärkt, sind die Bedingungen für positive Veränderungen denkbar schlecht. Das Versager-Image wird zur (er)drückenden, nicht bewältigbaren Last.
Die befragten Abbrecher von Bildungsgängen scheinen in nicht unerheblichem Ausmaß Bekanntschaft mit emotionaler Distanz ihrer familiären Umwelt gemacht zu haben: Offene Zuwendungen, wie „gutes Zureden“ oder „neu motivieren“ fand nur eine Minderheit (48,1 %), eingeschränkte Formen der Hilfe wie Nachhilfeunterricht und Wechsel in eine Privatschule genossen weitere 27,9 %. Immerhin fast ein Viertel der Abbrecher fand zu Hause überhaupt keinen Rückhalt (24,0 %); sie wurden entweder zusätzlich unter Druck gesetzt, oder man hat ihnen keinerlei Aufmerksamkeit zuteil werden lassen.
Befragt nach den Personen, die den Betroffenen die meiste Unterstützung bei Schulproblemen zukommen ließen, schneidet die Mutter (38,4 %) weitaus besser ab als der Vater (13,6 %). Die Unterstützung des Vaters wird als geringer erlebt als die von Freunden (17,3 %). Nicht weniger als 15,9 % der Befragten gaben zudem allerdings an, von niemandem Unterstützung bei Problemen mit der Schule gefunden zu

Tabelle 7:
Hilfe bei Lernproblemen
(N = 660, Angaben in %)

Bei Lernproblemen in der Schule	
— hat man Ihnen da geholfen:	
● durch die Erteilung von Nachhilfeunterricht	24,2
● indem man Ihnen gut zusprach und/oder	28,9
● Sie wieder motiviert (auch wenn Sie „sitzengeblieben" waren)	19,2
● durch den Wechsel auf eine Privatschule	3,7
— wurden Sie gezwungen zu lernen	10,2
— hat man Ihnen überhaupt nicht geholfen	13,8

Tabelle: ÖIBF

haben; bei Burschen (19,4 %) ist der Mangel an Unterstützung deutlich höher als bei Mädchen (9,1 %). Diese Werte decken sich mit den obigen Angaben zur Hilfe bei Schulproblemen insofern, als von den Betroffenen familiärer Druck zwar als „Unterstützung", aber nicht als Hilfe gewertet wird.
Das Versagen des Vaters in verschiedenen Problemlagen der Kinder setzt sich fort bei der Berufswahl (Mutter: 24,4 %, Freunde: 20,8 %, Vater: 16,4 %) und hinsichtlich privater Probleme, bezüglich derer überhaupt nur 8,0 % der Väter in den Augen ihrer Kinder als unterstützend erlebt wurden. In allen Fällen spielen die Beziehungen der Jugendlichen untereinander eine wichtige Rolle, in privaten Fragen fällt ihnen sogar die Hauptrolle zu (39,6 %).

Klima im Elternhaus

Konflikt ist eine häufige Begleiterscheinung in den Beziehungen von Eltern und Kindern. Bei Drop-outs scheinen Probleme oft genug auszuufern.

Günter:
„Zum Teil fingen damals die Konflikte mit meinem Vater erst richtig an, das heißt nicht wegen der Schule, sondern wegen meines Lebenswandels.

Ich bin lang weggewesen am Abend, hab' meine Haare wachsen lassen und hab' Sachen angehabt, die er überhaupt nicht akzeptiert hat, ja, und vor allem, ich hab' angefangen zu malen und Bücher zu lesen, die er sich nie ins Regal gestellt hätt'. Irgendwie hätt' ich sollen funktionieren, so nach seinen Wünschen, wie eine Puppe. Irgendwie, glaub' ich jetzt, rückblickend, war der Schulabbruch auch eine Art Protest gegen die immer gegenwärtigen, von meinem Vater aufgestellten Normen; das war so richtig eine Möglichkeit, ihn zu treffen: Der Sohn, der die Schule abbricht — war für ihn eine Schande."

Tabelle 8:
Unterstützung der Jugendlichen bei Problemen mit der Schule
(N = 660, Angaben in %)

	Vater	Mutter	Geschwister	andere Verwandte	Freunde	niemand	andere
männlich	13,2	37,7	6,0	2,8	16,9	19,5	3,9
weiblich	14,6	39,3	7,9	3,7	18,3	9,1	7,1
Total	13,7	38,2	6,6	3,1	17,4	16,0	5,0

Tabelle: ÖIBF

Tabelle 8a:
Unterstützung der Jugendlichen bei Berufswahlproblemen
(N = 660, Angaben in %)

	Vater	Mutter	Geschwister	andere Verwandte	Freunde	niemand	andere
männlich	17,6	23,7	3,7	3,9	19,5	26,3	5,4
weiblich	14,4	28,4	5,8	3,4	23,6	14,9	9,6
Total	16,5	25,2	4,4	3,7	20,9	22,5	6,8

Tabelle: ÖIBF

Tabelle 8b:
Unterstützung der Jugendlichen bei Problemen im privaten Bereich
(N = 660, Angaben in %)

	Vater	Mutter	Geschwister	andere Verwandte	Freunde	niemand	andere
männlich	8,6	22,3	8,4	3,3	38,1	14,7	4,7
weiblich	6,8	22,6	10,9	4,5	43,0	5,9	6,3
Total	8,0	22,4	9,2	3,7	39,8	11,7	5,2

Tabelle: ÖIBF

Gespräch mit Christian:
„Wie Du dann zu Deinen Eltern gekommen bist, wie habt Ihr Euch verstanden?"
„Am Anfang schon gut, aber mit der Zeit nimmer."
„Was waren die Gründe? Waren Deine Eltern strenger?"
„Ja, strenger, und ... ich habe keinen richtigen Vater gehabt. Streng war mein Stiefvater auch. Er war nicht leiwand, nein. Akzeptiert haben sie mich schon, aber ich habe sie eigentlich nicht so akzeptiert."

Die Beziehungen zwischen den befragten Abbrechern und ihren Eltern waren generell nicht die besten. Konkret nach dem Verhältnis zu den Eltern während der letzten Schuljahre befragt, betonen 21,1 %, daß es häufig unterschiedliche Meinungen gab, 18,2 % berichten von häufigem Streit. Nur 12,8 % hatten großes Vertrauen zu den Eltern, gar nur 2,0 % erinnerten sich daran, vieles gemeinsam mit den Eltern unternommen zu haben (die Werte sind bei Mädchen und Burschen ähnlich hoch).

Streit, Gleichgültigkeit und Autoritätskonflikte (40,4 %) bestimmen das häusliche Klima in ähnlichem Ausmaß wie Verständnis, Gemeinsamkeit und Harmonie (41,3 %). Hauptanlaß für Streitereien war die Schule (24,7 %), gefolgt vom „Umgang" mit Freunden (18,2 %) und vom lieben Geld (17,5 %). Auch die äußere Erscheinung der Jugendlichen gab zu manchem Mikro-Skandal Anlaß.

Tabelle 9:
Verhältnis zu den Elternteilen in den letzten Schuljahren
(N = 660, Angaben in %)

— ich war häufig anderer Meinung als sie	21,1
— wir stritten uns oft	18,2
— sie versuchten, mir oft zu helfen	17,2
— ich hatte zu ihnen großes Vertrauen	12,8
— sie akzeptierten meine Meinung	11,2
— sie unterstützten mich finanziell ohne Einwände	5,9
— weiß nicht	5,3
— sie kümmerten sich überhaupt nicht um mich	3,2
— wir sind einander gleichgültig	3,0
— wir unternahmen viel gemeinsam	2,0

Tabelle: ÖIBF

Tabelle 10:
Klima in der Familie
(N = 660, Angaben in %)

— wir zeigten viel Verständnis füreinander und besprachen gemeinsam unsere Probleme	26,0
— weiß nicht	18,3
— wir stritten uns dauernd	14,0
— es bestimmte immer nur einer, was getan wurde	12,1
— wir lebten nebeneinander her und waren einander gleichgültig	11,6
— wir ergänzten uns	9,3
— wir interessierten uns für die gleichen Dinge	6,0
— wir mochten uns nicht	2,6

Tabelle: ÖIBF

Alle Ergebnisse sind eindeutige Belege für außerordentlich störungsanfällige Familienverhältnisse, die Schulkarrieren und positiven Abschlüssen von Ausbildungsgängen kaum förderlich sind.

Tabelle 11:
Ursachen für familiären Streit
(N = 660, Angaben in %)

— die Schule	24,7
— der „Umgang" (die Freunde)	18,2
— Geld	17,5
— Kleidung und Äußeres	16,6
— die Arbeit/der Job	11,9
— politische Fragen	5,5
— anderes	5,5

Tabelle: ÖIBF

2.3 Einige Ursachen des Versagens in Bildungsgängen

Lernprobleme in der Schule und ihre dramatischen Konsequenzen — Klassenwiederholung und Abbruch — galten einer lehrerzentrierten Pädagogik lange Zeit als individuierbares Schicksal. Sie wurden vornehmlich interpretiert als Begabungsproblem jener Kinder und Jugendlichen, die den Bildungszielen der Institution aus in erster Linie geistigen Defiziten nicht genügen könnten. Die Institution schien damit in ihrer Selbstrechtfertigung der Verantwortung für das Scheitern entbunden.
Der pädagogischen Reformbewegung der (späten) sechziger und siebziger Jahre dieses Jahrhunderts fällt, wie schon angesprochen, das Verdienst zu, diese institutionelle Selbstgefälligkeit der plumpen Art gründlich und relativ nachhaltig desavouiert zu haben.
So findet sich beispielsweise bei *Rumpf* (1965) eine Beschreibung konkreten Schulversagens, die gar nicht mehr in die Schulidylle paßt:

„Dieser im Unterricht sehr stille Junge brauchte individuelle Förderung dringend. Er ist ein lieber, ordentlicher und fleißiger Bub, er könnte auch höchstwahrscheinlich zum Abitur kommen — aber die Verhältnisse sind nicht so. Wir haben nicht die Zeit und nicht die Kraft, die nötig wären, seinesgleichen so weit voranzubringen, daß er selbst an sich zu arbeiten beginnen kann. Flüchtigkeit und Hetze, die die Schulatmosphäre durchsetzen, werden ihr Teil dazu beitragen, daß er — so steht zu fürchten — zu den rund 55 Prozent gehören wird, die zwischen Sexta und Prima auf der Strecke bleiben und aus dem Gymnasium austreten. Es ist ein Jammer für die vielen jungen Menschen.“ [14])

Zweifel dieser Art finden reichlich Nahrung in der angelsächsischen Literatur, etwa bei *Rosenthal* und *Jacobsen* (1971) mit ihrer Untersuchung über das Erwartungsvorurteil beim Lehrer und dessen Auswirkungen auf die Leistung der Schüler/innen, oder bei *Bernstein* (1967) mit seinen Analysen zur soziokulturellen Determinierung des Schulgeschehens. Im deutschsprachigen Raum fördern die Arbeiten von *Höh* über Erwartungsstereotype des Lehrers (1967) oder von *Ingenkamp* (1970, 1971) über die Grenzen des Lehrerurteils die Entwicklung kritischer Positionen. Die radikale Infragestellung der Institution findet sich dann etwa bei *Illich* (1971) und schon vorher bei *Goodman* (1965), der seine Kritik ausdrücklich mit dem Drop-out-Problem verknüpft:

„Eine Konferenz von Drop-out-Experten diskutiert den Hintergrund der Armut, des Kulturpessimismus, der Rassendiskriminierung, der Krise der Familie und der emotionalen Beziehung, der Vernichtung der Nachbarschaft und der Mobilität der Stadt. Sie will sinnvolle Mittel erforschen, um dem Symptom entgegenzutreten, aber sie will keine Heilmittel gegenüber den Ursachen anwenden — das ist nicht ihre Aufgabe. Und so will sie eine bestimmte Propaganda empfehlen, z. B.: Wer nicht in der Schule war, bekommt keinen Beruf („no school, no job“), um die Jugendlichen in die Schule zurückzubekommen. Es ist ein Axiom, daß sie in der Schule gewesen sein müssen. Nach einem Jahr zeigt es sich, daß eine weitere Konferenz notwendig ist, um die alarmierende Tatsache zu besprechen, daß 75,0% der Drop-outs, die wieder in die Schule eingegliedert worden waren, erneut ausgeflippt sind. Sie verharren im Versagen; sie sind nicht ausreichend motiviert. Was für eine Veränderung des Curriculums muß vorgenommen werden? Wie können die Lehrer den Lebensstil der Unterprivilegierten erfassen?
Merkwürdig verdrängt ist in diesen Konferenzen die Frage, die die Beweislast auf die andere Seite legt: Warum sind sie Drop-outs geworden? Ist die Schule gut für sie, ist sie überhaupt gut für irgend jemanden? Wo es solche Schwierigkeiten für viele im gegenwärtigen System gibt, müßte da nicht die Frage nach einem besseren System gestellt werden?“ [15])

Zur Situation in Österreich

In Österreich entstanden im Zusammenhang mit der massiven Kritik an der Bildungsinstitution vor 1970[16]) günstige Bedingungen für Reformpositionen, wie sie *Seidl* (1969) zum Ausdruck brachte. Bezugnehmend auf die Kritik stereotyper Lehrermeinungen zum Schulversagen von *Höhn* schreibt er:

„Stereotype Vorstellungen sind dadurch gekennzeichnet, daß sie vielschichtige Bedingungszusammenhänge vereinfachen und einzelne Merkmale überbewerten. Das Stereotyp vom schlechten Schüler verleitet dazu, schulische Mißerfolge nur auf das geringe Bemühen des Schülers zurückzuführen. Es wird dabei übersehen, daß ein Mangel an Fleiß und Unaufmerksamkeit ebenso die Folgen wie auch die Ursachen des Versagens sein können und daß die eigentlichen Ursachen sehr oft außerhalb der persönlichen Entscheidung des Schülers liegen. Die Sozialpsychologie hat aber hinreichend Belege dafür gebracht, daß Erwartungen der Gruppenmitglieder das Verhalten des einzelnen beeinflussen." [17])

Seidls damalige Analyse endet noch nicht bei *Goodmans* grundsätzlichen Fragen an die Institution, ihre Konsequenzen scheinen für die österreichische Schulwirklichkeit dennoch nahezu utopisch: Reduktion der Auslesefunktion des Schulsystems, Einführung der Gesamtschule; also Forderungen, die für die zahlreichen bildungspolitischen Gruftbewohner im Land bis heute ungebrochen rote Tücher markieren. [18])

Die sozialkritischen Studien zur Institution Schule haben, das ist ihr ungebrochenes Verdienst, den Rahmen der Analyse verschoben. Im Mittelpunkt stehen nicht mehr die Institution und ihr untergeordnete Bewahrungsinteressen, sondern ins Zentrum treten die Individuen, die durch sie geprägt und sozialisiert werden. Schule wird begriffen als Teil des Sozialisationsgefüges, das die jungen Menschen an das Erwachsensein in hochentwickelten Industriegesellschaften heranführt und das letztlich der Stabilität und Kontinuität sozialer Strukturen eher dienlich ist als ihrer Veränderung. [19])

Schulische „Karrieren" sind letztlich begreifbar als Teil eines sozialen Selektionsprozesses, der für verschiedene gesellschaftliche Schichten jenseits individueller Fähigkeiten und Neigungen unterschiedliche Bedingungen für die Wahrnehmungen von Lebenschancen schafft.[20]) Diskrepanzen zur Erwartungshaltung der Schule, wie sie aus ungünstigen sozialen Verhältnissen resultieren, stellen eine häufige Grundlage für negative Schullaufbahnen dar. Für die älteren Untersuchungen waren diese Tatbestände noch mühsam erarbeitetes Ergebnis[21]); für neue Analysen — wie die hier vorliegende — sind sie mehr oder weniger Ausgangspunkt.

Christian:
„Ich war auf mich allein angewiesen, ich habe keine Unterstützung von meinen Eltern gehabt, ich hab' immer alles selber machen müssen, das muß man ja sowieso. Das erste Jahr ist ziemlich leicht gewesen für mich, nicht viel Neues, schon, aber nicht so viel. Das zweite Jahr hat mir einfach nicht gefallen, weil der Lernstoff immer schwieriger geworden ist, ich hab' mir das nicht so schwierig vorgestellt. Und nur Lernen, habe auch keine Lust gehabt, und dann sind die schlechten Noten gekommen, da habe ich gedacht, es hat keinen Sinn mehr."

Stichprobe

Im Rahmen der Untersuchung wurden 660 Personen aus Österreich befragt, die keine auf die Pflichtschule aufbauenden Ausbildungslehrgänge begonnen oder erfolgreich abgeschlossen hatten.
Drei Fünftel der Befragten entstammen dem großstädtischen Milieu (aus Städten über 100.000 Einwohner), zwei Fünftel dem ländlichen bzw. kleinstädtischen Milieu. Aus den westlichen Bundesländern (Salzburg, Tirol, Vorarlberg) kamen 8,8 %, aus den südlichen Bundesländern (Steiermark, Kärnten) 17,2 % sowie aus den nördlichen und östlichen Regionen (OÖ, NÖ, Wien und Burgenland) mit 74,0 % die überwiegenden Teile der befragten Schulabbrecher.
Ein Drittel der Befragten waren Frauen. Etwa zwei Drittel hatten das 25. Lebensjahr noch nicht überschritten.
Als Instrumentarium der Erhebung wurde einem kombinierten Modell der Vorzug gegeben, das Vorteile der Umfrage (Quantität, Streuung usw.) mit Interaktionsstrukturen qualitativer Analyse kreuzt. Die Erarbeitung der Fragen und die Befragung selbst wurden von zahlreichen unstrukturierten Gesprächen mit Betroffenen sowie offene Antworten ver-

langenden Fragen im Fragebogen begleitet, die eine möglichst große Fülle von konstituierenden, erläuternden und ergänzenden Informationen ergaben. Sie wurden in Form von Zitaten in die Auswertung und Interpretation eingefügt.

Tabelle 12:
Alter und Geschlecht der Stichprobe
(N = 660, Angaben in %)

Geschlecht	bis 25 Jahre	über 25 bis 30 Jahre
männlich	65,6	34,5
weiblich	67,7	32,3
	66,6	33,3

Tabelle: ÖIBF

sion. Vieles deutet darauf hin, daß in der „Wohlstandsgesellschaft" die Außenbedingtheit der Geldorientierung stark zurückgegangen ist; verschwunden ist sie sicher noch nicht.[22])

Inhaltsdistanz und Indifferenz

Ein weiterer bedeutender Faktor im Drop-out-Szenarium sind die verschiedenen Formen der Distanz zu den Inhalten der Ausbildung. Auch hier stehen Außenfaktoren inneren Dispositionsebenen gegenüber. Geläufigste Form der von außen hervorgerufenen Distanz ist die Durchsetzung der Vorstellungen der Eltern gegen den Willen der Kinder.

Mutter einer Drop-out:
„Wir haben sie ja in diese Schule gegeben, weil wir uns gedacht haben, da hat sie wenigstens einen Abschluß, und dann kann sie immer noch machen, was sie will. Mein Mann hätt' so gern gehabt, daß sie einmal studiert, aber das hat sie halt nicht gemacht und — eigentlich ist es ja wichtiger, daß sie das macht, was ihr wirklich Spaß macht, nicht wahr, und ich glaub', sie ist ja da jetzt auf einem wirklich guten Weg, sie hat ja jahrelang nicht recht gewußt, was sie jetzt machen soll, immer wo angefangen, ein paar Monate begeistert, und dann hat sie nimmer wollen."

Andere Formen der Außenbedingtheit von Distanz stellen Mängel an Bildungs- und Berufsmöglichkeiten in der Region oder auch Aufnahmeverweigerung an der ursprünglich gewünschten Institution dar. Die gewählte Lösung bleibt dann meist eine Ersatzlösung, verbunden mit Realitäts- und Identitätskonflikten verhinderter Entfaltungschancen.
Innenfaktoren der Distanz zu gewählten Bildungszielen sind meist auf Entscheidungsunsicherheiten und Unklarheiten bezüglich der Perspektiven zurückzuführen. Bildungsgänge aus Verlegenheit und Unklarheit sind stets gefährdete Vorhaben. Die Tendenz des Ausbildungswesens, getroffene Entscheidungen nur schwer revidieren bzw. kompensieren zu können, die im übrigen bereits in krassem Widerspruch zu den gesellschaftlichen Aufgaben flexibler Weiterbildungsbereitschaft steht, verschärft den Druck auf unsichere Bildungsentscheidungen der Jugendlichen.

Am Ende der innenbedingten Distanzgründe steht schließlich weitgehende oder völlige Indifferenz gegenüber Bildungszielen, also eine regelrechte Zielblockade. In solchen Fällen sind Korrekturen oft nur unter therapeutischen Bedingungen erzielbar.

Leistungsenttäuschung

Unterforderung und Überforderung sind die Hauptaspekte des Phänomens der Leistungsenttäuschung, die für den Abbruch von Bildungsgängen meist eine wichtige Rolle spielt. Unterforderung kommt dabei weit seltener vor, wenngleich sie trotzdem hervorzuheben ist:

Günter:
„Also nach meinem Schulabbruch bin ich in eine Glaserei, ins Büro dort, und hab' dort eine kaufmännische Lehre begonnen, die hab' ich aber nur ein Monat g'macht, das war mir einfach zu blöd, in der Berufsschule und so, die haben dort nicht einmal Salzburg auf der Landkarte gefunden. Da hab' ich mir gedacht, dort kannst nichts mehr lernen, und bin nicht mehr hingegangen. Ich bin aber in der Glaserei geblieben, die wollten mich haben, aber nach ca. 1 1/2 Jahren hab' ich dort aufg'hört. Dann bin ich für drei Monate auf Reisen gegangen, zuerst Interrail und dann per Autostopp, und war lang in Marokko; dann bin ich wieder nach Linz zurück, hab' bei meinen Eltern gewohnt, hab' einen Job bei einer Türenfertigung angenommen, na ja, es war so ein richtiger Hilfsarbeiterjob, ja, und wie ich dann fast 20 war, bin ich nach Wien, da hab' ich's zu Haus' einfach nicht mehr länger ausgehalten, obwohl sie haben's mir zuerst ja gar nicht geglaubt, aber dann hab' ich ernst gemacht."

Überforderung ist hingegen eine sehr häufige Abbruchvoraussetzung, die mit der Anspruchshöhe der Bildungseinrichtungen in der Regel zunimmt. Oft sind falsche Erwartungen die Ursache dafür, oft aber auch interaktive Konflikte in der ausbildenden Einrichtung (Krach mit Lehrern). Prüfungsangst ist eine häufige Begleiterscheinung der Überforderung, auch wenn ihre Ursachen nicht allein auf den Überforderungsaspekt rückführbar sind. [23])

Yvonne:
„Ich habe immer ziemliche Prüfungsangst gehabt, habe überhaupt keine Lust zur Schule gehabt, wollte sowieso nicht studieren."

Peggy:
„Ich mache alles, möchte zum Beispiel in einer Bäckerei arbeiten, wenn das nicht geht, auch in einer Wäscherei, nur eines tu ich sicher nimmer: in eine Schule gehen."

Die Ausbildungseinrichtungen „bis oben" ganz einfach satt zu haben ist ein wesentliches Merkmal vieler Drop-outs. Gründe verschiedenster Art haben sie aus den Bildungseinrichtungen vertrieben; sie haben es dort nicht ausgehalten. Das wäre an sich nicht tragisch, wäre da nicht die „gesellschaftliche Funktion" der Schule:

„Weit mehr als je zuvor entscheidet schulischer Erfolg die Zukunft jedes einzelnen jungen Menschen. Dabei ist ihre Selektionsfunktion nicht mehr auf die Konstituierung gesellschaftlicher Eliten gerichtet, nicht mehr offensiv auf Privilegierung gerichtet, sondern defensiv auf die Eliminierung der für den jeweiligen Massenqualifizierungkontext akut Nicht-(mehr)-Geeigneten konzentriert. Schulen und Universitäten produzieren heute durchschnittliche Qualifikationsniveaus, von denen man noch vor 30 Jahren nicht zu träumen wagte. „Qualifikations-Edelsteine" von einst, wie Matura oder Hochschuldiplom, sind „Massenartikel" einer von hohen Qualifikationsniveaus abhängigen hochentwickelten Industriegesellschaft geworden."[24])

Drop-outs scheint dies nicht genügend zu beeindrucken. Sie lassen sich nicht abhalten, ihre Kämpfe mit den Bildungseinrichtungen auszutragen.

3.2 Das Szenario des Abbruchs

Christian:
„Das war halt so. In Vorarlberg habe ich so ausg'schaut wie jetzt, etwas ärger, jetzt seh' ich eh normal aus. Hab' ich Irokesen und so gehabt, und habe um einiges wilder ausgeschaut. Und die Lehrer waren mir ziemlich feindlich gegenüber, also wir haben zwei Gruppen in der Klasse gehabt, oder, und ich bin immer einzeln gestanden, also Einzelgänger, zu keiner Gruppe habe ich gehört in der Schule, es war immer eine ziemliche feindliche Stimmung in der Klasse, und es hat ein paarmal so Schlägereien gegeben, da haben sie mich rauswerfen wollen aus der Schule, ja und da hat es mich halt angeschissen."

Gespräch mit Norbert:
„Ja, mit der Schule. Abgeschlossen habe ich es negativ. Weil ich zwei Fünfer im Abschlußzeugnis gehabt hab'. Das ist das Wichtigste von der schulischen Laufbahn."
„Welche Schule hast Du gemacht?"
„Hauptschule integrierte."
„Was heißt integriert?"
„Das weiß ich nicht."
„Wieviele Jahre waren das?"
„Nein, die Hauptschule vier Jahre und die Volksschule fünf Jahre, nein sechs Jahre."
„Also sechs Jahre Volksschule?"
„Normal sind es nur vier Jahre. Im ersten Jahr bin ich außeg'haut worden. Ja. Da hab' ich nicht aufgepaßt."
„Wie alt warst Du denn bei der Einschulung?"
„Sechs Jahre. Mit sechseinhalb, oder da war ich schon sieben, bin ich außeg'haut worden. Mich hat's nicht g'freut, ich hab' nicht aufgepaßt. Da bin ich in eine andere Volksschule gekommen. Dort das erste Jahr war leiwand. Im zweiten Jahr bin ich sitzengeblieben oder zurückgestellt worden, oder wie das früher geheißen hat. Dann hab' ich es bis zur vierten geschafft und die Hauptschule habe ich auch alle viere auf einmal geschafft. Da habe ich dann im Abschlußzeugnis zwei oder drei Fünfer gehabt."

Gespräch mit Yvonne:
„Wann hast Du das Gymnasium abgebrochen?"
„Am Ende der 11. Klasse, in Deutschland hat man da aber im Gegensatz zu Österreich trotzdem einen Abschluß, nämlich die Mittlere Reife."
„Kannst Du mir ein bißchen genauer die Gründe für den Schulabbruch erzählen?"
„Ich hatte einfach keine Lust zu lernen, ich wollte viel lieber arbeiten gehen.
Weil ich nicht mehr lernen wollte, lieber arbeite ich Tag und Nacht, dachte ich mir, bevor ich noch einmal so ein Vokabelheft in die Hände nehm'.
Bei meinem eigenen Kind würde ich es wahrscheinlich ganz anders machen. Das würde ich auf eine Rudolf-Steiner-Schule geben, wie meine kleineren Geschwister, die werden da ganz anders gefördert, mein kleiner Bruder zum Beispiel ist so träumerisch und malt gerne, wenn er Probleme hat, malt er halt einfach, das wird dort voll gefördert."

Michael:
„Ja, sicher gab's Schwierigkeiten; die Schwierigkeiten mit einem Professor, der einen partout nicht durchlassen will, ich mein', man kann ja ein gutes Argument finden und sagen: Ich hab' Schwierigkeiten mit dem Professor. In Wirklichkeit ist es doch so, daß man sich, also ich zumindest war ganz schlecht in dem Fach. Ich bin ein Typ — ich merk' mir nicht irgendwas, wo ich nicht einseh', wozu ich das brauchen könnt'. Es hat mich

absolut nicht interessiert, ich bin nicht der Typ, der lernen kann, ich kann sowas nicht lernen. Der Lehrer war ein sehr konservativer Typ, Klosterschule und so, der hat das auch nicht verstanden, ein bissel einen Spaß an der Sache zu vermitteln, man hat nur stucken sollen, ohne zu wissen, wofür."

Roland:
„Ich hab' ein Realgymnasium g'macht und hab' dann kurz vor Ende der Sechsten aufg'hört. Vorher war ich auf einem neusprachlichen Gymnasium, drei Jahre, das war auch schiach dort. Ich bin dort weg, weil ich Schwierigkeiten mit einem Lehrer gehabt hab', und eben übergewechselt in ein Realgymnasium."

Günther:
„Aufgehört hab' ich in der Siebenten; ja, ich hab' einfach nicht mehr länger dort bleiben können, mir war es einfach zu eng. Ich wollte raus aus der Schule, in der, ja ich hab' irgendwie das G'fühl g'habt, nicht mehr frei atmen zu können. Dort waren einfach so viel Regeln und Zwänge, dort war so viel wichtig, was für mich nicht wichtig war. Ich hab' damals angefangen gehabt zu malen und hab' irrsinnig viel gelesen und alles, was mich damals wirklich interessiert hat, hat mit der Schule eigentlich überhaupt nichts zu tun gehabt.
Ich hab' nie Probleme mit schlechten Noten gehabt, ich war immer oberer Durchschnitt, aber es ist halt dann einmal der Punkt gekommen, an dem ich gewußt hab': Jetzt mußt Du raus, jetzt geht's nicht mehr."

Claudia:
„Schwer war's nicht, ich mein, wenn man sich ein bissel interessiert, war's eh nicht schwer, aber dann hab' ich zum stangln ang'fangen, bin nicht mehr mitgekommen, und da sind halt schlechte Noten auch schon oft gewesen, einfach deswegen, weil ich nichts mehr g'macht hab', nicht weil's zu schwer war, wenn ich wolln hätt', hätt' ich's schon g'schafft."

Hilde:
„Ich bin in die Handelsakademie gegangen, und das war nicht das Wahre, also interessiert mich nicht, Büroarbeit und so, ... und hinterm Schreibtisch sitzen.
Na ja, nach der Vierten hab' ich mir dacht, was soll ich ... weiter gehen ins Gymnasium oder soll ich in die HAK und ... waren so irrsinnig auf Sekretärin, weißt eh, mit vierzehn ... da denkst Du Dir halt, na ja, die Eltern werden's schon ... es war eh meine Schuld auch, ich hätt' damals sagen sollen, ich will nicht, ich geh' weiter, aber ich hab' halt auch nicht ... und nicht so genaue Vorstellungen g'habt und so, ..."

„Frage an Radio Eriwan: Gibt es intelligente Wesen im Lehrerzimmer?"

Drop-out-Spruch

Negative Schullaufbahnen

Negativer Schulerfolg ist eine Erscheinungsform in allen Bildungsinstitutionen. Allerdings ist allein schon der quantitative Aspekt von Schulform zu Schulform schwer vergleichbar, wie auch unsere Studie zeigt. Während bei den Pflichtschulen (Hauptschule, Sonderschule) die Abbruchraten unter 5,0 % liegen, zeigt die AHS-Unterstufe trotz der Reduktion der Elitenselektion eine deutlich höhere Ausfallsneigung (7,7 %).

Betrachtet man die einzelnen Ergebnisse genauer, werden weitere Besonderheiten sichtbar. Mädchen sind in der Unterstufe der AHS etwas weniger Drop-out-gefährdet als Buben (5,4 % gegenüber 8,9 %), in der Hauptschule sind hingegen Unterschiede kaum zu bemerken. Das Stadt-Land-Gefälle in der Wahrnehmung von Bildungsgängen ist nach wie vor beachtlich (im Bereich größerer Städte besuchen mit 38,3 % fast doppelt soviele 11- bis 14jährige die AHS wie in ländlichen Regionen mit 20,4 %), doch sind Auswirkungen auf die Abbruchfähigkeit nicht feststellbar.

Tabelle 13:
Besuch und Abschluß von Schulen im Anschluß an die Volksschule
(N = 660, Angaben in %)

Schultyp	besucht			abgeschlossen		
Sonderschule	7,8	2,7	6,1	6,7	2,7	5,3
Hauptschule, 1. Klassenzug	37,2	46,6	40,3	33,7	44,8	37,4
Hauptschule, 2. Klassenzug	21,3	16,7	19,8	17,4	14,0	16,3
IGS	3,0	5,0	3,7	1,6	4,5	2,6
AHS-Unterstufe	34,6	32,1	33,8	25,7	26,7	26,0
Sonstige	6,0	9,0	7,0	2,1	1,4	1,8

Tabelle: ÖIBF

Es darf jedoch der Hinweis nicht fehlen, daß in der Tabelle der Nichtabschluß einer bestimmten Schule nur im Falle der AHS-Unterstufe mit Sicherheit einen Abstieg bedeutet hat;

in den Zahlen der anderen Schulen sind auch die „Aufsteiger“ (z. B. Leistungsgruppen in der Hauptschule) inkludiert, die nicht im Sinne des „Hinausfallens“ begriffen werden können. Umso schärfer hebt sich damit vor diesem Hintergrund der Selektionsbereich der AHS ab.

Das Ende der Pflichtschulzeit war früher für einen großen Teil der Jugendlichen mit dem Eintritt ins Erwerbsleben verbunden. Noch vor zwanzig Jahren nahm ca. jeder fünfte Jugendliche (18,6 %) nach Beendigung der Schulpflicht eine Berufstätigkeit auf, heute tun dies nur mehr bundesweit 2,1 %.[25]) Von den in dieser Untersuchung befragten Jugendlichen haben jedoch 10,0 % nach der Pflichtschule sofort zu arbeiten begonnen. Der Anteil derer, die eine weiterführende Schule besucht haben, ist mit 43,4 % etwas geringer als der bundesweite Durchschnitt, während der Anteil der Lehranfänger mit 25,5 % drastisch geringer ausfällt (bundesweit ca. 50,0 %). „Verstärkt“ wird der Anteil jener, die gleich nach der Pflichtschule berufstätig werden wollen, durch die Gruppe derjenigen, die zwar Arbeit gesucht, aber keine gefunden haben (3,4 %). Auffallend hoch ist der Prozentsatz der „Aussteiger“. Ohne Ziel zu Hause geblieben oder eine Erholungspause eingeschaltet bzw. über Absichten nachgedacht haben mehr als jeder Zehnte (10,3 %). Lag die Pflichtschulzeit schon etwas länger zurück, wuchs diese Gruppe unter den befragten Drop-outs auf über ein Viertel (27,0 %) an!

Bei den Burschen sind die Werte der „Aussteiger“ (von denen wir hier allerdings noch nichts Näheres wissen) höher als bei den Mädchen, die wiederum (vor allem im ländlichen Milieu) öfter im familiären Geschäft, Hof oder Haushalt mitgearbeitet haben als Burschen.

Bezogen auf die Gesamtgruppe der Abbrecher von Bildungswegen bilden die Aussteiger allerdings nur eine Minderheit; der „Drop-out“ spielt sich hauptsächlich nicht an der Nahtstelle zwischen Pflichtschule und weiterführenden Bildungsgängen, sondern erst in letzteren ab. Dabei definieren wir bekanntlich Drop-out als Mißerfolg gegenüber jenen Qualifizierungserwartungen, die seitens der Gesellschaft informell,

Tabelle 14:
Tätigkeit nach Ende der Pflichtschulzeit
(N = 660, Angaben in %)

	unmittelbar nach Ende der Schulpflicht	später
— ohne Lehre eine Arbeit begonnen	10,0	17,8
— eine Schule besucht und abgebrochen	43,4	11,8
— eine Lehre begonnen und abgebrochen	25,5	9,2
— im familiären Haushalt, Hof, Geschäft mitgearbeitet	2,4	4,1
— nur zu Hause geblieben, weil kein Ziel vorhanden	2,0	6,5
— eine Erholungspause eingeschaltet	3,8	10,2
— Arbeit gesucht, keine entsprechende Stelle gefunden (arbeitslos)	3,4	12,1
— über konkrete Berufsmöglichkeiten nachgedacht	4,5	10,3
— berufliche Weiterbildungskurse besucht	1,7	7,2
— anderes	3,3	11,0

Tabelle: ÖIBF

über das formell definierte Qualifikationsminimum (Pflichtschulabschluß) hinaus, an die Jugend gerichtet sind und den Abschluß weiterführender Bildungsgänge (vorsichtig ausgedrückt) nahelegen. Gemeint sind also nicht alle weiterführenden Bildungsgänge, sondern nur jene, deren erfolgreicher Abschluß bis Eintritt der Großjährigkeit sichergestellt sein sollte. Drop-out bezieht sich auf diesen Rahmen als ein- bzw. mehrmalige Erfahrung des Scheiterns um die Bemühungen, weiterführende Bildungsgänge abzuschließen.
Am Ende der Pflichtschulzeit, in der 9. Schulstufe, bilden die späteren Abbrecher bereits eine gezeichnete Schülerfraktion. Nicht weniger als 33,2 %, also etwa ein Drittel der Befragten, verbrachte dieses Jahr in Schulformen, die regulär bereits ein Jahr zuvor hätten absolviert sein sollen (z. B.

Hauptschule 1. Klassenzug, AHS-Unterstufe). Ihre Schullaufbahn war bereits vom Versagen (Klassenwiederholungen) begleitet gewesen. Aber auch das 9. Schuljahr war für viele ein (erneuter) Mißerfolg: Ein Fünftel dieser großen Repetentengruppe schaffte auch dieses Jahr nicht mit einem positiven Abschluß.

Tabelle 15:
Besuch und Abschluß der 9. Schulstufe
(N = 660, Angaben in %)

Schultyp	besucht	abgeschlossen
Sonderschule	5,0	4,7
Hauptschule, 1. Klassenzug	8,5	6,8
Hauptschule, 2. Klassenzug	8,0	6,1
IGS	1,5	0,6
AHS-Unterstufe	10,2	8,0
PL	18,0	—
Fachschule ohne Matura	9,5	—
Fachschule mit Matura	12,9	—
AHS-Oberstufe	20,6	—
Sonstige	29,3	—

Tabelle: ÖIBF

Negative Erfahrungen in weiterführenden Bildungsgängen

Für etwa die Hälfte der Abbrecher beginnt die Mißerfolgserfahrung erst im Bereich des weiterführenden Schulwesens. Die Institutionen, die Drop-outs „produzieren“, sind jedoch in unterschiedlicher Weise in die Entwicklung negativer Karrieren eingebunden. Etwa ein Viertel der Befragten gibt an, den Bildungsweg der AHS versucht zu haben. Für 93,8 % aus dieser Gruppe wurde sie zum ersten abgebrochenen Bildungsweg, ein Wert, dem die Fachschule mit Matura (84,9 %) noch nahekommt. Ihrer Rolle als „Auffangbekken“ für gescheiterte höhere Schüler wurden hingegen die

Maturaschulen gerecht: Sie waren nur für 34,9 % ihrer Besucher (9,5 % der Befragten) der erste abgebrochene Bildungsweg, hingegen für 50,8 % bereits der zweite unrühmliche Abgang. Eine mittlere Position nimmt die duale Bildung (Lehrlingsbildung) ein: Für 67,6 % ihrer Abbrecher war sie der erste abgebrochene Bildungsweg, für 25,8 % der zweite. Ganz ähnlich die Zahlen bei der Fachschule ohne Matura: 69,0 % und 26,2 %. Eine besondere Rolle fällt schließlich den Maturaschulen zu: Sie vermitteln 14,3 % ihrer Schüler/innen bereits das dritte Abbrecher-„Erlebnis".

Tabelle 16:
Abgebrochene Bildungsgänge
(N = 660, Angaben in %)

Bildungsgang	erster	zweiter abgebrochener Bildungsweg	dritter
Lehre/Berufsschule	67,6	25,8	6,6
Fachschule ohne Matura	69,0	26,2	4,8
AHS Oberstufe	93,8	5,5	0,6
Fachschule mit Matura	84,9	12,6	2,5
Maturaschule	34,9	50,8	14,3
Sonstige	35,9	40,6	23,4

Tabelle: ÖIBF

3.3 Bildungsmotivation

Die Geschiche des Versagens darf nicht ohne die Motive gesehen werden, bestimmte Bildungswege einzuschlagen. Wichtigstes Motiv war bei jedem Versuch ein Berufsziel, das nur durch die angestrebte Ausbildung erreicht werden konnte (16,0 % beim ersten, 17,4 % beim zweiten und 13,5 % beim dritten Versuch). Der Wunsch, die Matura zu erreichen, war beim ersten abgebrochenen Bildungsweg am

zweitwichtigsten (12,1 %), gleich gefolgt von der Schule als Verlegenheitslösung (11,3 %) und von der Forderung der Eltern, eine weiterführende Schule zu besuchen (10,0 %). Diese Hierarchie der Motive setzt sich in den zweiten und dritten Versuchen hinein fort, wobei allerdings der Schulbesuch als Verlegenheitslösung deutlich abnimmt.
Die Gleichförmigkeit der Motive erregt Aufmerksamkeit. Offenbar ist Versagen kein Anlaß, die Vorgangsweise zu ändern. Allerdings nimmt die Zahl derer, die sich in eine negative Karriere verbeißen, drastisch ab: Nur etwa 12,0 % der Befragten können auf drei Abbrüche oder mehr verweisen.
Der Hauptgrund für die Abbrüche ist eindeutig bestimmbar: 64,1 % gaben an, „vom Lernen die Nase voll" gehabt zu haben. Schulfrust, nicht mehr überwindbar, konstituiert als Schulflucht am stärksten Abbruchbereitschaft. Mit großem Abstand folgt der Wunsch nach ökonomischer Unabhängigkeit (Geldorientierung): Er war für 44,3 % wichtiger Grund für den Abbruch eines Bildungsweges. Fast gleich wichtig waren allerdings Entscheidungsunklarheit und Inhaltsdistanz: 43,6 % konnten sich nicht für einen bestimmten Beruf entscheiden, 41,4 % fanden keinen, der sie interessierte!
Weitere wichtige Motive waren die Resignation nach schlechten Schulleistungen (40,5 %), also Leistungsenttäuschungen, und der nicht näher bestimmte Wunsch nach Freiheit vom schulischen Zwang (32,4 %). Am unteren Ende der Hierarchie fanden sich Lehrplatzverweigerung wegen schlechter Schulleistungen (13,0 %) und Selbstbestätigung (16,1 %).

3.4 Umfeldursachen

Zumindest zwei dieser Gründe verweisen auf Ursachenkontexte, die schwer beim Abbrecher selbst anzusiedeln sind. Zum einen sind Entscheidungsprobleme hinsichtlich des Berufes eine außerordentlich ernstzunehmende Angelegenheit, bei der die Betreffenden von ihrer Umgebung, insbesondere von den Bildungsinstitutionen, nicht im Stich gelassen

Tabelle 17:
Gründe für die Wahl eines später abgebrochenen Bildungsweges
(N = 660, Angaben in %)

	erster abgebrochener Bildungsweg	zweiter abgebrochener Bildungsweg	dritter abgebrochener Bildungsweg
— ich hatte ein bestimmtes Berufsziel, das ich nur durch diese Ausbildung erreichen konnte	16,0	17,4	13,5
— ich hatte keine Berufsvorstellung und ging eher aus Verlegenheit in die Schule	11,3	8,6	6,0
— ich wollte die Matura haben	12,1	10,2	8,3
— ich wollte einmal studieren	7,7	8,6	6,8
— mir machte das Lernen Spaß	1,6	0,7	6,0
— ich wollte einfach noch nicht arbeiten	7,0	7,2	5,3
— meine Eltern wollten, daß ich weiter zur Schule gehe	10,0	10,9	7,5
— mich hat diese Schule sehr interessiert	4,8	5,9	4,5
— ich hatte gehört, daß diese Schule nicht sehr schwer sein soll	2,1	4,3	3,0
— mein/e beste/r Freund/in ging in diese Schule	2,5	1,0	5,3
— von einer höheren Schulbildung versprach ich mir bessere Chancen am Arbeitsmarkt	7,9	7,9	6,8
— mit einer höheren Schulbildung hoffte ich, später mehr zu verdienen	6,1	4,6	7,5
— ich wollte meine beruflichen Aufstiegschancen verbessern	6,0	4,9	6,8
— andere Gründe	4,8	7,9	12,8

Tabelle: ÖIBF

Tabelle 18:
Gründe für den Abbruch von Ausbildungsgängen
(N = 660, Angaben in %)

Gründe	eher ja	eher nein
— es gab keinen Bildungsweg, der mich wirklich interessierte	41,4	58,6
— ich wollte mich beweisen, und das kann man nur im Beruf	16,1	84,0
— in den interessanten Lehrberufen gab und gibt es keine freien Stellen, sodaß die Ausbildung nicht lohnt	21,9	78,0
— eine mich interessierende Lehrstelle bzw. Schule war nicht in der Nähe	21,0	78,9
— ich mußte Geld verdienen, ich hatte keine andere Wahl	26,9	73,1
— ich konnte mich nicht entscheiden, welchen Beruf ich ergreifen sollte	43,6	56,5
— meine Eltern wollten, daß ich arbeiten gehe	24,2	75,8
— ich wollte schnell Geld verdienen, um unabhängig zu sein	44,3	55,7
— ich hatte vom Lernen die Nase voll	64,1	36,0
— meine (Schul-)leistungen waren zu schlecht, sodaß		
● ich den Lehr- bzw. Schulabschluß nicht geschafft hätte	40,5	59,5
● ich keinen Lehrplatz bekommen hätte/habe	13,0	87,0
● ich von keiner weiterführenden Schule genommen worden wäre/wurde	18,7	81,3
— ich wollte endlich als Erwachsener gelten und nicht mehr herumkommandiert werden	32,4	67,6
— anderes	56,7	43,2

Tabelle: ÖIBF

werden dürften. Zum anderen verweist Lernfrust auf vorangegangene Erfahrungen, die den betreffenden Institutionen, die sie erzeugen, sicher nicht zur Ehre gereichen.
Die Vorwürfe gegen die Institution, Lernfrust produziert zu haben — übrigens von Burschen und Mädchen in gleicher Weise, ohne besondere regionale Unterschiede vertreten — richtet sich auf zwei Hauptbereiche: Zum einen auf den Problemkomplex Leistungsdruck, Streß und Benotung (in dieser Hinsicht waren 34,1 % mit der Schule unzufrieden und fühlten ihr Leistungsvermögen beeinträchtigt), zum anderen auf den Bereich Unterrichtsqualität, Lehrerverhalten und Mitspracherechte der Schüler (in dieser Hinsicht waren 39,0 % mit der Schule unzufrieden und fühlten sich in ihrem Leistungsvermögen beeinträchtigt).
Daß Leistungsdruck und Prüfungen für viele Schüler eher hemmende als stimulierende Wirkungen haben können, ist in der Prüfungsforschung hinlänglich belegt.[26]) Noch viel öfter lassen sich in der Literatur Kritiken am Unterrichtsalltag und Lehrerverhalten ausmachen.[27]) Die Ausgeschiedenen bleiben in der Regel stumm, sie fragt niemand, weil sie die Institution schon verlassen haben. Hier wurden sie gefragt und die Bestätigung der Schulkritik blieb nicht aus. Ein Beleg dafür, wie frisch alte Themen der Institutionskritik geblieben sind.

Selektionsfächer

Aufschlüsse über die fachlichen Aspekte des Scheiterns in einem Bildungsweg geben — wenngleich nur in einem äußerlichen Rahmen — die Noten im Abgangszeugnis. In der Regel sind es die Mathematik und die Fremdsprachen, in denen der Grundstein für Abbrüche gelegt wird. Die Untersuchung bestätigt diese Erwartungen, wobei der Mathematik mit Abstand die größte Bedeutung für selektive Prozesse zukommt: 20,2 % sind in diesem Fach gescheitert. In Englisch (11,9 %) harren ebenfalls etliche Stolpersteine, während Deutsch nur eine relativ geringe Selektionsfunktion wahrnimmt (5,4 %).

Von den Nebenfächern ist Physik am ehesten geeignet, Schüler/innen zu Fall zu bringen (9,1 %). Für Selektionsprozesse relativ wenig in Anspruch genommen scheint die Biologie zu sein (3,7 %).

Tabelle 19:
Unzufriedenheit und Leistungsbeeinträchtigung in der zuletzt besuchten Schule
(N = 660, Angaben in %)

	eher unzufrieden mit	eher leistungs- bzw. motivationsbeeinträchtigend
— Leistungsdruck	14,5	15,1
— Lehrermangel	3,2	4,3
— zu große Klassen	7,5	6,8
— realitätsferner, uninteressanter Unterricht	14,5	15,5
— zu viel Streß	10,6	10,0
— zu autoritäre Lehrer	13,0	12,1
— die Benotung	9,0	9,6
— Unterrichtsausfall	1,7	3,3
— zu wenig Allgemeinbildung	6,9	5,8
— mangelndes Mitspracherecht der Schüler	11,5	8,7
— Konkurrenz untereinander	4,7	5,0
— anderes	3,1	3,8

Tabelle: ÖIBF

Zwischen Burschen und Mädchen gibt es kaum Differenzen in der Selektionswirkung einzelner Schulfächer. Auch in den oft als „männlich" apostrophierten Fächern Mathematik und Physik sind keine signifikanten Abweichungen feststellbar.

Bei zwei Fünftel der Befragten (38,4 %) hat sich der Notendurchschnitt im Laufe der Schulzeit kaum verändert; im

Tabelle 20:
Schulnoten im Abgangszeugnis
(N = 660, Angaben in %)

Gegenstand	Note 1	2	3	4	5	Gegenstand nicht gehabt
Deutsch	8,9	28,1	38,1	19,5	5,4	—
Englisch	6,1	16,7	25,6	22,5	11,9	17,1
Französisch	2,1	1,8	4,6	5,1	6,9	79,5
Mathematik	6,7	14,6	27,6	26,1	20,2	4,8
Geschichte	12,2	25,6	27,7	16,9	5,0	12,5
Geographie	12,1	23,0	30,6	16,3	5,3	12,6
Biologie	9,8	21,3	23,8	13,2	3,7	28,2
Chemie	5,9	12,8	22,3	23,8	7,2	28,0
Physik	6,6	12,9	23,6	22,2	9,1	25,7

Tabelle: ÖIBF

Hinblick auf den Abbruch verwundert dieser Tatbestand nicht, war doch der Großteil der Befragten eher stets mit der Schule auf Kriegsfuß gestanden und hatte etwa die Hälfte (47,6 %) mindestens einmal eine Klasse wiederholt (Burschen blieben weitaus häufiger „sitzen“ als Mädchen). Auch das Phänomen des Absackens im Notendurchschnitt während der Schulkarriere ist deutlich zu beobachten: Brüche in der Leistungsbeurteilung sind nach dem Wechsel in die weiterführende Schule (17,3 %) ein bis zwei Jahre vor Ende der Pflichtschule (11,2 %) und nach dem Ende der Volksschule (8,5 %) feststellbar, wobei die Wende immer zum Schlechteren erfolgt. Positive Notenentwicklungen sind in dieser Zielgruppe kaum zu erwarten, am ehesten traten sie in der Berufsschule auf (4,5 %). Die Phasen des Absackens markieren Krisenperioden des Jugendlichen, auf die Ausbildungseinrichtungen nicht immer adäquat reagieren, womit der Verfallsprozeß in der Regel noch verstärkt wird.

Tabelle 21:
Notendurchschnitt in der Schulzeit
(N = 660, Angaben in %)

Veränderung des Notendurchschnitts		
— kaum verändert	38,4	
— nie verändert	3,5	
	verbessert	verschlechtert
— stark verändert, und zwar:		
● nach Abschluß der Volksschule	2,6	8,5
● in den letzten 1 bis 2 Jahren vor Abschluß der Pflichtschulzeit	2,0	11,2
● in der Berufsschule	4,5	3,4
● in der weiterführenden Schule	2,6	17,3
● nach einem (ortsbedingten) Schulwechsel	0,5	2,2
— weiß nicht	3,5	—

Tabelle: ÖIBF

Tabelle 22:
Klassenwiederholungen während der Schulzeit
(N = 660, Angaben in %)

	ja	nein
männlich	54,3	45,7
weiblich	36,2	63,8
Total	48,2	51,8

Tabelle: ÖIBF

Probleme mit Lehrern

Im Rahmen der Schwierigkeiten, die während der Absolvierung des letztlich abgebrochenen Bildungsganges auftraten, waren Antipathien zwischen Schüler/in und Lehrer/innen besonders ausgeprägt (51,3 %). Von besonderem Belang waren weiters auch Konzentrationsschwierigkeiten (47,5 %) und Prüfungsangst (ebenfalls 47,5 %). Die Diskrepanz zwischen inhaltlicher Erwartung und Schulrealität (42,3 %) sowie das Leiden unter nervösen Zuständen (41,4 %) waren weitere Konfliktpotentiale, die schließlich zum Abbruch führten. Weit weniger bedeutend waren hingegen fachliche Überforderung (29,9 %), Verhältnis zu Mitschülern (20,7 %) und Position in der Klasse (19,6 % und 19,7 %).
Es überrascht daher nicht, daß für 34,1 % der Befragten das Verhältnis zu den Lehrern sowie der Unterricht das entscheidende Hemmnis war, den Ausbildungsgang fortzusetzen. Immerhin 22,1 % führten aber auch an, daß ihre Leistungsbereitschaft vor allem hätte anders sein müssen, um den Abbruch zu verhindern.
Die Tatsache, daß die Lehrer bei vielen Drop-outs keine allzu positiven Eindrücke hinterlassen haben, war natürlich zu erwarten. Nicht wenige allerdings legen auch Wert darauf, ein positives Bild zu bewahren.

Claudia:
„Also ich hab' immer ein recht gutes Verhältnis zu meinen Lehrern gehabt, also so normal, Probleme hab' ich mit keinem gehabt, na ja, so irgendwie dann schon, wie ich dann keine Hausübungen mehr gemacht hab' und so oft g'staglt hab', aber es hat keiner so einen Pick auf mich g'habt oder so."

Günther:
„Ich hab' immer zu den meisten Lehrern sogar ein irrsinnig gutes Verhältnis gehabt. Die waren damals auch richtig entsetzt, ich war nämlich damals nicht der einzige, der aufgehört hat, nach mir haben noch acht andere aus der gleichen Schule aufgehört, alle so in meinem Alter. Die Lehrer haben sich sehr um uns bemüht, haben sich mit uns zusammeng'setzt, diskutiert, aber ich glaub', einige von ihnen haben uns sogar verstanden, obwohl sie immer so argumentiert haben: Schaut's, es ist ja eh nur mehr ein Jahr, und dann könnt' ihr eh machen, was ihr wollt, aber ihr habt's dann wenigstens einen Schulabschluß."

Der Abbruch des Bildungsganges hat sich somit als komplexes Bedingungsgefüge bestätigt, das zunächst situativ zu beschreiben war. Die weiteren Zusammenhänge, vor allem die Folgen für das berufliche Schicksal, blieben vorläufig ausgespart. Sie sind Gegenstand des folgenden Kapitels.

Tabelle 23:
Störungen während des abgebrochenen Bildungsganges
(N = 660, Angaben in %)

Störungen	trifft eher zu	trifft eher nicht zu
— die Schule war schwerer als erwartet	29,9	70,1
— ich wurde dort zu sehr bevormundet	37,0	63,0
— ich habe mich nicht verstanden mit		
● Mitschülern	20,7	79,3
● Lehrern	51,3	48,7
— es wurde etwas ganz anderes gelehrt, als ich mir vorgestellt bzw. gewünscht hatte	42,3	57,7
— die Mitschüler		
● wußten von vornherein mehr	13,3	86,7
● konnten sich besser ausdrücken und besser reden	19,6	80,4
● wurden von den Lehrern bevorzugt	19,7	80,3
— ich wurde durch die Aufgabenstellung		
● überfordert	28,9	71,1
● unterfordert	17,0	83,0
— ich litt unter		
● Konzentrationsschwierigkeiten	47,5	52,5
● Depressionen	25,2	74,8
● Nervosität	41,4	58,6
● Prüfungsangst	47,5	52,5

Tabelle: ÖIBF

Tabelle 24:
Entscheidendes Hemmnis für die Fortsetzung des Ausbildungsganges
(N = 660, Angaben in %)

— das Verhältnis zu Lehrkraft/Lehrberechtigten	18,0
— die Klassengröße	4,1
— die Freundschaft zu den Klassenkameraden/ anderen Lehrlingen	5,2
— die Unterstützung von zu Hause	10,8
— meine Leistungsbereitschaft	22,1
— der Unterricht (die Unterrichtsinhalte)	
● in der Schule	16,1
● in der Werkstatt (Arbeit)	5,0
— die Mitbestimmungsmöglichkeiten von Schülern/Lehrlingen	13,1
— anderes	5,5

Tabelle: ÖIBF

4. Berufliche Situation von Drop-Outs

„Schwach begonnen und stark nachgelassen"
„Schönes Wochenende — besonders am Montag!"
„Arbeit adelt — drum bleib ich lieber bürgerlich"
„Nobody is perfect"
„Wer gewinnen will, muß wagen"
„Ich lebe nicht, um zu arbeiten, ich arbeite, um zu leben"
„Wer zur Quelle will, muß gegen den Strom schwimmen"
„Viel Geld macht blöd"
„Gestern stand ich noch vor einem tiefen Abgrund, heute bin ich schon einen wesentlichen Schritt weiter"
„Wer anderen eine Grube gräbt, ist Bauarbeiter"
„Ein schlechtes Jahr erwischt"

Drop-out-Sprüche

4.1 Ausgangspunkt

Yvonne:
„Der Beruf (Friseurin) ist viel zu nieder bezahlt für die Leistung, die der Beruf erfordert. Das geht auf die Lungen, die Knochen, den ganzen Tag das Stehen, die Hände, die Haut, das Treibgas den ganzen Tag, das Ammoniak, bei der Dauerwelle das Wasserstoffperoxid, das weiß kein Mensch, dafür gehört eigentlich eine Extrazulage.
Wenn man da alleine leben müßte, könnte man keine eigene Wohnung sich leisten, man kann keinen Lebensstandard aufrechterhalten, wenn man nicht gerade bereit ist, in einem Loch zu wohnen. Ich habe das Glück gehabt, daß meine Chefin mir über den Kollektivvertrag den Lohn bezahlt, um einiges mehr bezahlt, was eben nicht oft der Fall ist, wenn man nicht gerade in einem Supersalon wie beim G. arbeitet, wo man dann auch wie am Fließband arbeitet.
Kollektivvertrag ist öS 1.600,— in der Woche.
Es ist ja auch psychische Arbeit, mit den Büromenschen redest du übers Büro, mit den Hausfrauen über den Haushalt. Man muß eine gute Allgemeinbildung haben. Wird unterschätzt."

Der Abbruch von Bildungsgängen im weiterführenden Bereich nach der Pflichtschule schwächt für viele die Chancen, im Beschäftigungssystem seriöse Positionen zu erreichen. In dem Maße, in dem die Abschlußqualifikationen der Pflichtschule nicht mehr das Niveau der Eingangsqualifikationen der „Berufswelt“ erreichen, stellen die weiterführenden Schulen und die dualen Bildungsgänge das „Missing link“ des Zutritts zum Beschäftigungssystem dar. Die Abbrecher von Bildungsgängen entbehren genau jene „Brücke“, die weiterführende Bildungsgänge heute herstellen.

Natürlich gibt es nach wie vor berufliche Tätigkeiten, die mit qualifikatorischen Minimalstandards erreicht werden können. Es sind vor allem einfache, wenig attraktive Verrichtungen. Oft genug handelt es sich um Tätigkeiten, die nur aus Kostengründen noch nicht von Maschinen ausgeführt werden.

Für die Funktion einer „menschlichen Maschine“ reichen minimale Qualifikationen aus, aber ist diese Arbeit unter heutigen Ansprüchen noch menschlich? Man stelle sich eine vierzigjährige Berufsperspektive in solchen Tätigkeiten vor — Perspektive ist dies für den Großteil der jungen Menschen keine, höchstens kurzzeitig als „Ferialjob“.

Manche mögen nun meinen, die Ansprüche der jungen Leute wären ganz einfach zu hoch. Doch so einfach sollte man sich die Sache besser nicht machen.

Neuere Untersuchungen zeigen, daß die Ansprüche der jungen Menschen an die Gesellschaft wachsen.[28]) Dabei geht es nicht um die Passivität des Nehmens, sondern um die Aktivität des Gebens und Mitgestaltens. Eine Generation, in der Krieg, Not und Hunger nicht einmal mehr in der Erfahrung der Eltern vorkommen, sondern nur mehr in Omas fernen Tagen, artikuliert sich gewaltig anders als Nachkriegsgenerationen. Die Distanz zur aktuellen sozialen Lage ist groß, das Mißtrauen gegenüber der Gesellschaft, von ihr vielleicht um die Zukunft betrogen zu werden, ist unübersehbar, auch und oft in erster Linie gegenüber der Berufswelt.

Dabei wären die Chancen, die Begeisterung der Jungen zu entfachen und wirksam werden zu lassen, durchaus gut. Die Ansprüche der neuen Generation sind meist hohe Ansprüche nicht nur an die anderen, sondern vor allem an sich selbst. Im schulischen und beruflichen Anpassungsprozeß geht davon leider mehr kaputt als einer gewinnorientierten Gesellschaft jemals lieb sein kann. Die Drop-outs scheinen die ersten zu sein, die hier an den Rand gedrängt oder gar gebrochen werden.

Claudia:
„Nachdem ich mit der Schul' aufg'hört hab', bin ich gegangen ein halbes Jahr in einer Trafik verkaufen, direkt nach der Schule, dann hab' ich fünf Monate im Club Méditerranée g'macht, dann bin ich gegangen als Schilehrerin ein paar Monate, ja und dann bin ich in den Kindergarten ein ganzes Jahr, aber nur als Kindergartenhelferin. Das hat mir die ersten drei Monate ziemlich g'fallen, aber dann immer der Lärm und der Haufen, das war auch nicht so ganz das Wahre.
Ja, dann war ich arbeitslos, ein ganzes Jahr, also ich hab' schon so kleine Nebeng'schäfterln g'macht, so Babysitten und so, aber nichts Großes, ich hab' mir dacht, wenn der Staat schon so deppert ist, dann nütz' ich's auch aus."

Günther:
„Also ich würd's definieren als Versuch, als Versuch vom Schreiben zu leben.
Obwohl ich weiß, daß es sehr schwer sein wird. Obwohl ich weiß, daß es fast unmöglich ist, ich mein', ich hab' jetzt fünf Jahre lang in einem Betrieb gearbeitet als Lektor, und da kommst genauso in einen Rhythmus rein, du tust kaum mehr was anderes, ich war immer wie ausgelaugt, und dann hab' ich mir irgendwann gesagt, jetzt gib' ich mir noch ein Jahr und dann passiert wirklich was, daß ich dann wirklich konsequent schreib' und keine Entschuldigung mehr hab' und daß ich seh', was ist wirklich dran."

Bericht eines Sozialarbeiters über Karl:
„Die beruflichen Zukunftsaussichten sind stark geprägt durch die Tatsache der epileptischen Erkrankung. Karl ist verpflichtet, diese Krankheit bei Eintritt in ein Dienstverhältnis dem Arbeitgeber mitzuteilen, da sonst von seiten der Sozialversicherung keine Haftung übernommen wird, wenn es zu einem Arbeitsunfall kommen sollte. Wenn er nun diese Angabe macht, hört er häufig vom Firmenbesitzer: Ich will nur gesunde Arbeiter, einen Epileptiker kann ich nicht brauchen. Wegen des erhöhten Unfallrisikos ist ein Verschweigen der Krankheit jedoch sehr gefährlich. Darüber hinaus ist das Bestehen einer Epilepsie für verschiedene Berufsausbildungen bzw. berufsfördernde Kurse (Stapler- und Kranführerkurse, Führerschein) ein erschwerender oder ausschließender Faktor. Als nächstes ist daher für Karl zu klären, ob eine Ausbildung als Koch bei dieser Krankheit möglich ist. Dabei erhält er Unterstützung durch den ihn betreuenden Sozialarbeiter."

Roland:
„Oh ja, es macht mir schon Spaß, der einzige Schönheitsfehler ist halt die Bezahlung.

Leben kann ich davon überhaupt nicht. Die zahlen irrsinnig schlecht, man muß sich um jeden Hunderter streiten mit ihnen, aber mich interessiert eigentlich mehr die Organisation dort und die Mittel, das heißt die Anwendung der Mittel, die man zur Verfügung hat, also ich kümmer' mich dort auch ein bissel um Kulturpolitik im 1. Bezirk und um die Zeitung überhaupt. Ich mach' irgendwie fast 80,0 % von der Zeitung, was manchmal ein bissel viel ist, jetzt hab' ich die letzten zwei Wochen ununterbrochen durchgearbeitet."

Michael:
„An und für sich hab' ich sehr viele Änderungen durchgemacht. Also ich hab' begonnen in der Serviceabteilung von einem Elektrobetrieb und in weiterer Folge hab' ich ein paarmal Job gewechselt, ich war in der Industrieelektronik, hab' Montage gemacht, und wenn man so hintennach, so rückblickend das betrachtet, so kann man sagen, ich hab' alle zwei Jahre einen anderen Job gemacht, um irgendwie weiterzukommen, was Neues zu machen, mehr zu verdienen. Zuerst war ich auf dem technischen Sektor, Service, dann hab' ich Product-Management gemacht für eine Industriefirma, Unterhaltungselektronik, also Fernseher, Radio und das ganze Zeug, ja, das hab' ich drei Jahre gemacht mit so Verkaufsschulungen, Fachseminaren für die Verkäufer von dem Produkt, damit die Bescheid wissen, was die verkaufen, und dann gibt's die Gelegenheit, wenn man in einer gehobenen Position ist, einen Gewerbeschein zu erwerben, und das hab' ich dann gemacht."

Christian:
„Ich steh' so um 9 oder 10 Uhr auf, schaue nach, ob was im Kühlschrank ist, meistens ist es eh nicht so... Und dann geh' ich auf die Kettenbrückengasse und dann schnorr' ich bis um 12 Uhr, normalerweise, und dann geh' ich heim, und um 2 Uhr geh' ich nochmal her auf die Kettenbrückengasse bis um 6 Uhr und dann geh' ich wieder heim und um 8 oder 9 geh' ich wieder fort. Zu Hause esse und schlafe ich nur."

Sehr unterschiedliche Schicksale — aber leicht hat es niemand von den Drop-outs. Alle müssen kämpfen, und sie tun dies meist unter ungünstigen Voraussetzungen. Haben sie wirklich Chancen, (noch) zu gewinnen?

4.2 Drop-out und Beschäftigung

Viele Drop-outs scheinen nicht einmal den Weg in die regelmäßige berufliche Tätigkeit zu schaffen. Nicht weniger als 26,0 % (also mehr als ein Viertel) waren zum Zeitpunkt der

Befragung arbeitslos, weitere 14,8 % waren aus anderen Gründen ohne Beschäftigung. Über zwei Fünftel der Befragten sind daher nicht nur Drop-outs, sondern überhaupt „out“ (40,8 %). Zählt man noch jene 12,6 % hinzu, die zur Zeit in anderen Ausbildungseinrichtungen einen neuen Versuch in Richtung Abschluß wagen, bleiben weniger als die Hälfte (46,6 %) als Berufstätige übrig. Unter diesen bilden an- und ungelernte Arbeitskräfte die weitaus größere Gruppe (19,0 % der Gesamtstichprobe).

Tabelle 25:
Derzeitige Tätigkeit der Drop-outs
(N = 660, Angaben in %)

— berufstätig als	
● un- bzw. angelernte/r Arbeiter/in	19,0
● Facharbeiter/in	3,8
● Angestellte/r	14,4
● Beamter/in	4,2
● Selbständige/r	5,0
— arbeitslos	26,0
— Umschüler/in	2,7
— Schüler/in	9,9
— anderes	14,8

Tabelle: ÖIBF

Drop-out zu sein bedeutet also in vielen Fällen, nicht nur aus den Ausbildungseinrichtungen, sondern aus der Gesellschaft überhaupt hinauszufallen. Es kommt bei etlichen Betroffenen gar nicht zur beruflichen Randlage mit miesen Perspektiven, sondern zu gar keinen Perspcktiven oder nur zu partiellen Chancen mit der Kündigung als Haupterfahrung. Zyniker können nun sagen, genau dies wäre mit dem Drop-out in der Ausbildung trainiert worden. Und sie haben dabei leider gar nicht so unrecht.
Mehr als ein Viertel der Befragten (26,8 %) hat den Drop-out so „ernst genommen“, daß die Betreffenden im Anschluß an die Pflichtschulzeit noch nie berufstätig waren.

Einkommensverhältnisse

„Warum bleibt soviel Monat am Ende des Geldes übrig?"

Drop-out-Spruch

Düstere Einblicke in das Leben von Drop-outs gewähren die Antworten auf die Frage nach dem eigenen Einkommen: 35,5 % haben kein eigenes Einkommen. Und diejenigen, die über selbstverdientes Geld verfügen, haben in der großen Mehrheit (71,2 %) nur weniger als öS 10.000,— monatlich zur Verfügung, ein Viertel verdient nicht einmal öS 5.000,—(!). Ist das noch „leben" oder bloß „vegetieren"? Von denen, die kein eigenes Geld erhalten und von verschiedenen Seiten finanziell unterstützt werden, leben vier Fünftel von weniger als öS 5.000,— im Monat.

Tabelle 26:
Berufstätigkeit im Anschluß an die Pflichtschule
(N = 232, Angaben in %)

	ja	nein
Berufstätigkeit	73,2	26,8

Tabelle: ÖIBF

Tabelle 27:
Verfügung über eigenes Einkommen
(N = 660, Angaben in %)

	ja	nein
eigenes Einkommen	35,5	64,5

Tabelle: ÖIBF

Tabelle 28:
Höhe des persönlichen Einkommens
(N = 660, Angaben in %)

Einkommen	
— bis öS 1.000,—	0,5
— öS 1.001,— bis öS 2.000,—	2,3
— öS 2.001,— bis öS 3.000,—	5,6
— öS 3.001,— bis öS 4.000,—	5,8
— öS 4.001,— bis öS 5.000,—	10,6
— öS 5.001,— bis öS 7.500,—	18,4
— öS 7.501,— bis öS 10.000,—	28,0
— öS 10.001,— bis öS 15.000,—	23,2
— öS 15.001,— bis öS 20.000,—	3,8
— mehr als öS 20.000,—	1,8

Tabelle: ÖIBF

Tabelle 29:
Höhe der monatlichen Unterstützung durch Eltern, andere Verwandte, öffentliche Hand usw.
(N = 660, Angaben in %)

Unterstützung	
— bis öS 1.000,—	2,2
— öS 1.001,— bis öS 2.000,—	12,8
— öS 2.001,— bis öS 3.000,—	10,6
— öS 3.001,— bis öS 4.000,—	38,0
— öS 4.001,— bis öS 5.000,—	14,5
— öS 5.001,— bis öS 7.500,—	17,3
— öS 7.501,— bis öS 10.000,—	3,9
— öS 10.001,— bis öS 15.000,—	0,6
— öS 15.001,— bis öS 20.000,—	0,0
— mehr als öS 20.000,—	0,0

Tabelle: ÖIBF

Die prekäre finanzielle Lage des Großteils der Drop-outs ist damit offenkundig. Es zahlt sich finanziell offenbar wirklich nicht aus, Drop-out zu werden. Die bereits erwähnte Geschichte vom unqualifizierten Tellerwäscher, der es zum Millionär bringt, scheint für das Schicksal der großen Mehrheit ein höchst unangebrachter Hinweis zu sein.

Man kann die prekäre Lage vieler Drop-outs aber auch von anderen Gesichtspunkten her verdeutlichen, wie etwa Zugang zum Beruf, Verhältnis zur Berufstätigkeit oder zukünftige berufliche Absichten.

4.3 Zugang zum Beruf

Der Zugang zum Beruf wird für die Jugend hochentwickelter Industriegesellschaften durch die weiterführenden Bildungsgänge gefiltert: Selbst dort, wo in der dualen Bildung eine sehr starke Bindung an umgrenzbare Tätigkeitsfelder stattfindet, wird die Berufstätigkeit im eigentlichen Sinn bis zum Abschluß der Ausbildung aufgeschoben. In höheren Bildungsgängen (Akademien, Kollegs, Hochschulen usw.) wird der Eintritt in die Berufstätigkeit oft weit ins dritte Lebensjahrzehnt hinein verlegt.

Für Drop-outs gilt dies nur zum Teil. Wenn sie neue Versuche starten, Bildungsabschlüsse zu erlangen, kann ein später Eintritt in die Berufstätigkeit auch für sie zutreffen. Die aufgezeigte Tendenz, Negativerlebnisse in den Ausbildungseinrichtungen eher mit Fluchtreaktionen zu beantworten, läßt aber, sofern der Sprung ins Berufsleben überhaupt gelingt, auf einen frühen Berufseintritt, wie er vor gar nicht langer Zeit noch für eine große Gruppe von Jugendlichen galt, schließen.

In der Tat hat mehr als ein Drittel (37,4 %) von denen, die bereits berufstätig waren, innerhalb von drei Monaten nach Beendigung der Schulpflicht einen Job ergriffen, ein weiteres Fünftel hat dies noch innerhalb des ersten Jahres danach getan. Nur eine Minderheit der bereits beruflich Involvierten (42,6 %) begann die Berufstätigkeit nach Vollendung des 16. Lebensjahres.

Tabelle 30:
Zeitspanne bis zur Ergreifung des ersten Jobs
(N = 660, Angaben in %)

	bis 3 Monate	3—6 Monate	6—12 Monate	über 12 Monate
männlich	41,2	8,8	11,2	38,8
weiblich	30,9	14,4	9,3	45,4
Total	37,5	10,9	10,5	41,2

Tabelle: ÖIBF

Mädchen machen vom frühen Arbeitseintritt allerdings weniger Gebrauch (30,9 %) als Burschen (41,2 %). Auf dem Land ist früher Arbeitsbeginn noch immer weitaus häufiger festzustellen (54,5 %) als in der Großstadt (32,8 %). Dementsprechend früh sind die altersmäßigen Eintritte ins Erwerbsleben. Im Alter von 17 Jahren waren bereits nahezu zwei Drittel (65,0 %) der bereits Berufstätigen in einem Job integriert.

Motivation

Der Zugang zum Beruf wird in der Regel bei Jugendlichen durch Wünsche und Neigungen bestimmt, in deren Zentrum die inhaltliche Begeisterung für eine Tätigkeit oder ein Tätigkeitsfeld steht.[29]) Ganz im Gegensatz zu manch öffentlicher Ansicht stehen bei der Mehrheit der österreichischen Jugendlichen sekundäre Motive, insbesondere Karriere und Geld, eher im Hintergrund.

Tabelle 31:
Alter beim Eintritt ins Erwerbsleben
(N = 287, Angaben in %)

Alter	
14 Jahre	1,1
15 Jahre	21,6
16 Jahre	24,7
17 Jahre	17,7
18 Jahre	15,5
19 Jahre	8,8
20 Jahre	6,7
21 Jahre	1,8
22 Jahre	1,1
23 Jahre	1,1

Tabelle: ÖIBF

Angesichts der ausgedünnten inhaltlichen Perspektiven ist die Neigung, Arbeitstätigkeiten nach sekundären motivationalen Gesichtspunkten zu betrachten, bei Drop-outs stärker ausgeprägt als bei anderen Gruppen von Jugendlichen. Nur für ein Drittel galten primär Motive des Interesses und der Neigung (33,7 %). Die große Mehrheit ist von sekundären Beweggründen geleitet, die entweder positiv beschrieben sind, wie etwa finanzieller Vorteil (15,2 %), günstige Gelegenheit (15,6 %) und kurze Anlernzeit (6,4 %), oder negativ definiert werden, wie etwa der Mangel an anderen Möglichkeiten (11,0 %). Die sekundären Motive sind im groß- und kleinstädtischen Milieu ausgeprägter als auf dem Land, während zwischen Mädchen und Burschen kaum Differenzen sichtbar werden.

Junge Menschen neigen heute trotz aller Distanz dazu, die generelle Frage nach ihrer Zufriedenheit mit der Situation relativ positiv zu beantworten[30]), vielleicht auch deshalb, weil die Gesellschaft relativ viel Abstand von öffentlichen Zwängen und moralischem Druck zuläßt. Die Jugendlichen

Tabelle 32:
Gründe für die Wahl des derzeitigen Berufes
(N = 287, Angaben in %)

	Interesse	kurze Anlernzeit	finanzielle Vorteile	günstige Gelegenheit	Nähe zur Arbeit	keine andere Möglichkeit	Wunsch der Eltern	von Schule weg	anderes
männlich	33,7	6,0	14,1	14,7	1,6	10,3	3,3	5,4	10,9
weiblich	34,0	7,2	17,5	17,5	1,0	11,3	3,1	4,1	4,1
Total	33,8	6,4	15,3	15,7	1,4	10,7	3,2	5,0	8,5

Tabelle: ÖIBF

können sich einerseits außerhalb des Berufes zurückziehen, andererseits auf persönliche Freiheiten bauen, die in den letzten 25 Jahren geschaffen wurden. Bei den Drop-outs wurde ein größerer Grad an Unzufriedenheit erwartet, und die Ergebnisse neigen auch eher zur Bestätigung dieser Hypothese. Mehr als ein Drittel der befragten Drop-outs ist mit ihrer Situation eher unzufrieden (35,4 %); die Unterschiede nach dem Geschlecht und dem regionalen Milieu sind dabei unerheblich.

Tabelle 33:
Zufriedenheit mit der derzeitigen Situation
(N = 660, Angaben in %)

	sehr zufrieden		überhaupt nicht zufrieden	
	1	2	3	4
Zufriedenheit mit der momentanen Berufs- und/oder Lebenssituation	23,3	41,3	20,4	14,9

Tabelle: ÖIBF

Dieses Ergebnis wird begleitet von der Tatsache, daß für neun von zehn Drop-outs der gegenwärtige Beruf (sofern sie einen haben) nicht der Wunschberuf ist (88,2 %).

Tabelle 34:
Jetziger Beruf und Wunschberuf
(N = 660, Angaben in %)

	ja	nein
Wunschberuf	11,8	88,2

Tabelle: ÖIBF

4.4 Hoffnungen

Jugend hat, anders als ältere Generationen, ein ungebrochenes Verhältnis zur Hoffnung. Ihre Resignation ist ungeachtet des „Frusts“, den sie mit sich herumtragen mag, noch nicht erdrückend. Viele Chancen sind noch nicht aus dem Blickfeld gerückt, wenngleich sie oft genug nur unscharf wahrgenommen werden können. Auch bei den Drop-outs sind solche Konturen noch ersichtlich, selbst wenn sie mehrheitlich schon von Verunsicherung und Resignationstendenzen überlagert werden: 42,5 % glauben, daß sie ihren Wunschberuf noch erreichen können, während 28,0 % keine eindeutige Antwort zu geben wagen und 29,5 %, also fast ein Drittel, die Hoffnung darauf bereits begraben haben.

Jugendliche, die mit ihrer Situation halbwegs zurechtkommen und sich als ausbildungsbezogen erfolgreich erlebt haben, neigen dazu, ihre beruflichen Weichenstellungen — vor die fiktive Annahme gestellt, sie wiederholen zu können — wiederzuwählen. In ihrer Identität ist ein gewisses Ausmaß an Kontinuität gesichert, die Lebensentscheidungen untermauert und motivational stärkt. Drop-outs stehen gegen-

Tabelle 35:
Erreichbarkeit des Wunschberufs
(N = 660, Angaben in %)

Wunschberuf ist noch erreichbar	
ja	42,5
nein	29,5
weiß nicht	28,0

Tabelle: ÖIBF

über solchen Beobachtungen[31]) eindeutig abweichend da. Nur 14,7 % würden ihren Drop-out wiederholen, mehr als zwei Drittel (67,7 %) würden ihn ausdrücklich verhindern wollen. Drop-out wird ganz offen als Situation gesehen, die man als Fehler, als Schaden für sich und die persönliche Zukunft erlebt. Bemerkenswert ist die Tatsache, daß die fiktive Vermeidung der Drop-out-Wiederholung bei Mädchen (73,7 %) deutlich ausgeprägter auftritt als bei Burschen (64,7 %).

Yvonne:
„Jetzt bereue ich den Schulabbruch, wenn ich von Anfang an mitgelernt hätte; man kommt mit der Zeit einfach nicht mehr mit. Ich habe das damals gar nicht so wichtig genommen, ich habe gedacht, das ist mein Traumberuf, da braucht man das Gelernte gar nicht dazu."

Weiterbildung

Die Anteile derer, die in Zukunft noch einen Lehrabschluß (13,4 %) oder den Abschluß einer weiterführenden Schule anstreben (22,3 %), ist eher gering; die Chance ist offenbar für die Mehrheit ein Stück Vergangenheit. Weitaus größere Hoffnungen werden in Fortbildungskurse gesetzt (44,1 %), die den Weiterbildungsambitionen am ehesten entgegenzukommen scheinen.

Tabelle 36:
Verhalten im Falle der Wiederholung der Bildungsentscheidung nach Ende der Pflichtschule
(N = 660, Angaben in %)

	heutige Tätigkeit	andere Tätigkeit	irgendeine Tätigkeit	weiter Schule besuchen	Lehre abschließen	anderes
männlich	15,9	6,2	6,5	41,8	22,9	6,7
weiblich	12,2	3,2	3,6	50,2	23,5	7,2
Total	14,7	5,2	5,5	44,6	23,1	6,9

Tabelle: ÖIBF

Tabelle 37:
Abschlußabsichten bezüglich Lehre, weiterbildender Schulen und Fortbildungsveranstaltungen
(N = 660, Angaben in %, Mehrfachnennungen)

Typ	
Lehre	13,4
weiterführende Schule	22,3
Fortbildungskurse	44,1
andere	27,6

Tabelle: ÖIBF

Claudia:
„Nach dem ersten Jahr möcht' ich einen Restaurierungskurs machen, das ist jetzt schon fix, also da bin ich jetzt schon angemeldet. Der dauert auch ein Jahr, nur ist das halt nicht in Wien, aber das macht nichts, da kann man dort wohnen und so, das ist eigentlich kein Problem."

Roland:
„Also die einzige Hochschule, die mich interessiert, ist eigentlich der Schillerplatz und dort werd' ich sowieso hingehen, dafür brauch' ich keine

Matura, nur ich weiß noch nicht, na ja, ich werd' also entweder als ordentlicher Hörer oder zuerst als Gasthörer, also im Moment, also ich werd' sicher irgendeine Malereiklasse mal belegen und jetzt als Einstieg werd' ich bei einem Freund so ein Layout-Computer-Seminar besuchen."

Von den befragten Drop-outs, die derzeit einen (anderen) Bildungsweg absolvieren, erleben viele die neue Situation in der jeweiligen Bildungseinrichtung deutlich positiver als die früheren Verhältnisse, die ihren Abbruch begleitet hatten. So wird der Notendurchschnitt von 78,7 % als besser als früher wahrgenommen, werden die Lehrinhalte von 72,3 % fachlich besser bewältigt als früher und erleben 82,1 % ihre Motivation als besser als beim vorigen „Versuch". Auch die Klassengröße (64,5 %), die praktische Verwertbarkeit der Lehrinhalte (67,3 %) sowie der Stundenumfang (64,2 %) fallen etwa zwei Drittel der Befragten positiv auf. Nur etwa jeder zweite findet hingegen die individuelle Betreuung

Tabelle 38:
Vergleich zwischen derzeitiger und früherer Situation im weiterführenden Bildungsgang
(N = 391, Angaben in %)

	besser	schlechter	gleich
— Lehrkräfte	53,5	12,7	33,8
— eigener Notendurchschnitt	78,7	2,0	19,3
— individuelle Betreuung	54,4	15,8	29,7
— Stundenumfang	64,2	17,6	18,2
— Praxisbezug der Lehrinhalte	67,3	11,9	20,8
— fachliche Bewältigung der Lehrinhalte	72,3	7,1	20,6
— zeitliche Bewältigung der Lehrinhalte	53,5	28,0	18,5
— eigene Motivation	82,1	7,4	10,5
— Klassengröße	64,5	7,2	28,3
— anderes	66,7	9,5	23,8

Tabelle: ÖIBF

(54,4 %) und die Lehrkräfte (53,5 %) besser als früher, auch mit der zeitlichen Bewältigung der Lehrinhalte tun sich viele schwerer (nur 53,5 % erleben die Situation besser als früher). Burschen fühlen sich in der neuen Situation oft wohler als Mädchen, insbesondere hinsichtlich der Motivation (84,9 % gegenüber 76,8 %).

Besseres Zurechtkommen beim zweiten Versuch erhöht die Erfolgschancen, wobei nicht nur innere Faktoren wie Schulklima, Klassenlehrer etc., sondern auch äußere Faktoren, insbesondere die erwartungskonstituierende Information, in Betracht zu ziehen sind.

Informationsmangel

Informationsmangel ist eine wichtige Bedingung des Scheiterns in Ausbildungseinrichtungen bis hin zur Universität.[32]) Dies kommt bei der Befragung von Drop-outs besonders deutlich zum Ausdruck. Nur 13,9 % bezeichnen sich als mit 14 Jahren über ihre beruflichen Möglichkeiten gut informiert, ein Drittel wußte darüber so gut wie nichts (32,8 %). Mädchen waren ein wenig besser informiert als Burschen.

Tabelle 39:
Wissen um die berufliche Zukunft im Alter von 14 Jahren
(N = 655, Angaben in %)

	sehr gut Bescheid gewußt	teilweise Bescheid gewußt	so gut wie nichts gewußt
männlich	13,8	51,2	35,0
weiblich	14,0	57,5	28,5
Total	13,9	53,3	32,8

Tabelle: ÖIBF

Tabelle 40:
Information über berufliche Möglichkeiten
(N = 660, Angaben in %)

Möglichkeiten	eher ja	eher nein
— in der Schule erfahren (durch Unterricht und Berufsberatung)	43,7	56,4
— durch Eigeninitiative gezielt zusammengetragen (über Broschüren, Arbeitsamt usw.)	42,2	57,8
— über die Eltern in Erfahrung gebracht	49,4	50,6
— beiläufig durch die Medien (Fernsehnachrichten und Pressemeldungen) erfahren	34,0	66,0
— über ihren engeren Freundeskreis (die Clique) in Erfahrung gebracht	52,1	47,9
— anderes	14,7	85,3

Tabelle: ÖIBF

Die bescheidenen Kenntnisse über Berufsperspektiven verdankten die späteren Drop-outs am ehesten noch den Eltern (49,4 %) und Freunden (52,1 %). Nur geringfügig schlechter sind allerdings die Werte für Schule und Eigeninitiative der Betroffenen (43,7 % bzw. 42,2 %). Den Medien (34,0 %) kommt geringere Bedeutung zu. Auffallend ist gegenüber anderen Gruppen Jugendlicher der Mangel an Dominanz der familiären Informationskanäle. Gewöhnlich sind die Eltern bei der Entscheidungsfindung stärker präsent. [33])

4.5 Ansprüche an die Berufssituation und Einstellung zur Leistung

Die Situation der Drop-outs, der beruflichen Zukunft wenige inhaltlich stimulierende Aspekte abgewinnen zu können, wird in den Aussprüchen der Befragten nur zum Teil abgebildet. Einerseits dominiert der Wunsch nach guten Verdienstmöglichkeiten die Anspruchshierarchie, andererseits folgen dahinter in erster Linie inhaltliche Motive wie gutes Betriebsklima (13,2%), abwechslungsreiche Tätigkeit (11,4%), hoher Grad an Selbständigkeit (7,8%) und selbstverwaltete Tätigkeit (6,6%). Die Wertehierarchie hat sich im Vergleich zur Einstellung im Alter von 14 Jahren wenig verändert, auffallend ist vielleicht das Schrumpfen der Bedeutung der Freizeit (früher: 9,6%, jetzt: 6,3%).

Tabelle 41:
Ansprüche an Beruf und Arbeit
(N = 660, Angaben in %)

Ansprüche	heute
— gute Verdienstmöglichkeiten	18,3
— gutes Betriebsklima	13,2
— abwechslungsreiche Tätigkeit	11,4
— hoher Grad an Selbständigkeit	7,8
— selbstverwaltete Tätigkeit	6,6
— viel Freizeit	6,3
— Sicherheit des Arbeitsplatzes	5,9
— gesunder Arbeitsplatz	5,0
— wenig Streß	4,1
— gute Aufstiegsmöglichkeiten	3,7
— verantwortungsvolle Tätigkeit	3,4
— Mitbestimmungsmöglichkeit	3,4
— geregelte Arbeitszeit	3,3
— gesellschaftlich nützliche Arbeit	3,1
— gutes Verhältnis zu Vorgesetzten	2,7
— hohe gesellschaftliche Anerkennung	1,0
— anderes	0,4
— wenig Anforderungen	0,3

Tabelle: ÖIBF

Persönlicher Anspruch und Realität werden von Drop-outs offenbar häufig als massiver Widerspruch erlebt, in dem landläufige Vorurteils-„Einschätzungen“ jugendlicher Krisenentwicklung (z. B. arbeitsunwillig, verwöhnt etc.) kaum Platz finden. Im Gegenteil: Betrachtet man die Auffassungen zur Leistung, die Drop-outs vertreten, ergeben sich kaum Abweichungen zur sonstigen Auffassungslage der Jugendlichen. Drop-outs sind größtenteils der Meinung, daß nur die Leistungswilligen in der Gesellschaft etwas erreichen (77,0 %). Für 63,2 % ist Leistung die Garantie für Erfolg und Aufstieg. Aber wie alle anderen Jugendlichen markieren sie auch die Grenzen der Leistungsideologie, wenn sie feststellen, daß wirkliche Leistung oft nicht honoriert wird (86,3 %) und daß zum persönlichen und beruflichen Weiterkommen oft ganz andere Dinge als Leistung gehören (71,3 %). Überdurchschnittlich hoch sind nur die zustimmenden Antworten zur Meinung, daß zwar viel über Leistung geredet wird, man aber in Wirklichkeit nichts davon hätte (50,5 %).

Im direkten Vergleich zwischen Drop-outs und Bildungs-Absolventen lassen sich beim Bekenntnis zur Leistung („nur wer etwas leistet, kann etwas erreichen“) nur geringfügig negativere Auffassungen der Drop-outs feststellen: Den 77,0 %, die sich auf seiten der Drop-outs positiv zur Leistung äußern, stehen 81,2 % bei den Schulabgängern und 86,5 % bei den Lehrabgängern gegenüber.[34]) Drop-outs glauben nur wenig seltener als Lehrabgänger und deutlich häufiger als Schulabgänger, daß Leistung die Garantie für Erfolg und Aufstieg sei.

Drop-outs sind allerdings kritischer als Bildungs-Absolventen, wenn es um die Schattenseite der Leistungsideologie geht. Sie glauben etwa viel häufiger (86,3 %) als Lehrabsolventen (65,0 %) und Schulabsolventen (63,6 %), daß wirkliche Leistung oft nicht honoriert wird. Das negative Erlebnis des Abbruchs wirkt nach, und wer kann ernsthaft ohne Zweifel sagen, die „gebrannten Kinder“ hätten unrecht?

Die positiven Grundeinstellungen zur Leistung deuten darauf hin, wie sehr das Drop-out-Phänomen gesellschaftliche

Vergeudung bedeutet: Junge Menschen, aus Krisen erstaunlich engagementbereit hervorgehend, werden unberechtigterweise und zum Schaden der Gesellschaft an den Rand gedrängt. Wer will und kann sich diesen Zustand längerfristig leisten?

Tabelle 42:
Auffassungen zum Begriff der Leistung
(N = 660, Angaben in %)

Auffassungen	stimmt völlig	stimmt zum Teil	stimmt eher nicht	stimmt nicht
— nur wer etwas leistet, kann etwas erreichen	30,0	47,0	9,6	13,3
— Leistung ist die Garantie für Erfolg und Aufstieg	25,8	37,4	17,6	19,2
— was jemand wirklich leistet, wird oft nicht honoriert	47,4	38,9	10,6	3,1
— es wird zwar viel über Leistung geredet, aber in Wirklichkeit hat man nichts davon	16,2	34,3	30,7	18,8
— zum persönlichen und beruflichen Weiterkommen gehören ganz andere Dinge als Leistung	23,6	47,7	18,1	10,6

Tabelle: ÖIBF

5. Lebenssituation

„Ich will leben"
„Alles ist bedeutungslos außer das, was wir in diesem Augenblick tun"
„Das Leben ist wie eine Hühnerleiter — kurz und beschissen."
„Scheiß aufs Leben"
„Es geht mir auf die Socken"
„Alles Scheiße — Deine Rosi"
„Es hat alles keinen Sinn"
„Jedem das Seine und mir alles"
„Hilf Dir selbst, denn es hilft Dir keiner!"
„Money makes the world go round"
„Wie Adolf Hitler sitz ich hier, die braune Masse hinter mir"
„Keiner tut, was er soll — jeder tut, was er will — und alle machen mit"
„Denken ist Luxus, und Luxus kann ich mir nicht leisten"
„Man muß zu leben wissen"
„Lieber einen Bauch vom Fressen, als einen Buckel vom Arbeiten"
„Stirbt der Bauer im Oktober, braucht er im Winter kan Pullover"

Drop-out-Sprüche

5.1 Einblicke in die Lebens- und Wohnsituation

Gespräch mit Christian:
„Wo wohnst Du?"
„Ich wohne bei einem Freund. Bei der Kettenbrückengasse habe ich einmal einen kennengelernt, und bei dem kann ich wohnen."
„Wie lange hast Du im Park geschlafen?"
„Eine Nacht."
„Und die nächste Nacht?"
„Bei dem Freund, wo ich gesagt habe."
„Hast Du ein eigenes Zimmer?"
„Ja, und ich bezahle auch Miete, 700 Schilling, ist aber gut, mit Bad und WC und allem. Schaut normal aus, Studentenwohnung halt."
„Zu wievielt wohnt ihr da?"
„Zu zweit, eine riesige Wohnung. Ich wohne da in einem größeren Kabinett."

Gespräch mit Norbert:
„Nein, ich behalt' mir das Geld. Aber ich komm eh nie aus. Ich zahle nicht's für's Essen, aber so habe ich genug Zahlungen. Mein Freund und ich haben einmal eine Autoscheibe eingeschossen, die müssen wir jetzt zahlen, die kostet öS 23.000,—. Das war ein Porsche. Wir müssen jetzt

2.000,— im Monat zahlen. Da haben wir ein bissel zuviel getrunken gehabt. Da haben wir durch die Gegend geschossen und da haben wir das Auto getroffen. Zum Wegrennen war es zu spät, der Besitzer ist dann gerade dazu gekommen. Da hat er uns am Krawattl gehabt. Und Zahlungen, Länge mal Breite. Das sind die Jugenstreiche.
Derweilen rennt es nicht so gut. Er hat noch nichts bezahlt. Ich habe 6.000,— bezahlt. Jetzt schaue ich, daß er auch was zahlt. Ich habe die Erlagscheine vom Rechtsanwalt, alles läuft auf meinen Namen. Er zahlt nix, und hinhauen möchte ich nicht. Es fällt mir so schwer.
Er war einmal mein bester Freund, wir waren jeden Tag zusammen, seit dieser Zeit nicht mehr."
„Hat das eure Freundschaft ruiniert?"
„Mhm."

Claudia:
„Ich krieg' 4.000 Schilling, das nennt sich Lebensdeckungsunterhalt, das haben alle gleich da, bezahlt wird's vom Arbeitsamt, und ich krieg' noch 2.000 Schilling dazu, weil ich schon eine eigene Wohnung hab'. Na ja, und vorher hab' ich kriegt Arbeitslose, glaub' ich auch so 6.500 Schilling, weil ich vorher ein Jahr in einem Privatkindergarten gearbeitet hab'. Also ich muß sagen, es geht sich aus, ich kauf' mir halt nichts Besonderes, ich kauf' mir kaum ein G'wand oder so, es geht sich aus, aber ich kann mir nichts Großartiges kaufen, das schon, aber ich hab' das in Kauf genommen, weil es g'fallt mir halt so gut, sicher kannst immer mehr Geld brauchen, ist halt jetzt g'rad net. Ich bin schon länger von zu Haus' ausgezogen, so seit einem Jahr. Am Anfang haben mir die Miete noch meine Eltern gezahlt, aber jetzt krieg' ich ja eine Förderung. Ich wohn' mit einer Freundin zusammen, ja da kann man sich eine größere Wohnung leisten und lustiger ist es auch. Also ich kann mir überhaupt nicht vorstellen, allein zu wohnen."

Gespräch mit Christian:
„Bis ich 18 bin, muß ich mich halt so durchschlagen. Arbeit gibt es ja immer, oder? Daß ich Geld habe und eine eigene Wohnung kaufen kann und daß alles gesichert ist. Momentan ist ja nichts fix. Ich kann wo wohnen und hab' immer was zu essen, aber es ist nicht besonders, nein."
„Wieviel verdienst Du am Tag mit Schnorren?"
„So drei- bis vierhundert Schilling. Es kommt darauf an, was für ein Tag es ist, heute geht es zum Beispiel ziemlich gut."
„Welche Leute geben Dir etwas?"
„Mit der Zeit entwickelt man so ein Gespür. Eher jüngere Leute, dann eher so senile Menschen, die nimmer so genau wissen, was sie tun, aber das stört mi net. Eher jüngere Leute, nämlich jemand, der nix hat, gibt eher etwas her, als jemand, der viel hat."
„Fühlst Du Dich gut beim Schnorren?"
„Am Anfang net, dabei gut fühlen..., eigentlich net, es muß halt sein."

Die Probleme in der Arbeitssituation junger Menschen, die ihren Bildungsweg vorher abgebrochen hatten und als „ungelernte“ Arbeitskräfte ihr berufliches Auslangen finden müssen, bleiben nicht ohne massive Auswirkungen auf die gesamte Lebenssituation.
Die tristen finanziellen Verhältnisse, von denen im vorigen Kapitel die Rede war, schränken die Möglichkeiten der Lebens- und Freizeitgestaltung erheblich ein, selbst dann, wenn sie nicht konsumintensiv begriffen wird.
Die Beschränkungen beginnen längst vor konkreten Aktivitäten außerhalb des Arbeitsplatzes bei der Wohnsituation. Wohnen ist für junge Menschen generell eine Kernfrage persönlicher Entwicklung; in ihr ist die Loslösung vom Elternhaus ebenso enthalten wie der Weg zur eigenen Hausstands- und Familiengründung. Ein Weg, der durch finanzielle Probleme eher erschwert, wenn nicht gar verhindert wird.
Die Schaffung einer längerfristigen Wohnstätte ist für viele Jugendliche kein einmaliger Kraftakt, sondern Resultat einer längerdauernden Entfernung aus dem Einflußbereich der Eltern mit unterschiedlich stabilen, suchenden Lebensphasen. Die Entstehung von Wohngemeinschaften ist unter anderem Ausdruck dieser Entwicklungsphase.
Für Jugendliche mit Arbeits- und Finanzproblemen, wie sie die Abbrecher in großer Zahl hinnehmen müssen, sind daher besonders krasse Probleme bei der Hausstandsgründung zu erwarten.

5.2 Wohnverhältnisse

Im Hinblick auf die soziale Herkunft sind die Erfahrungen mit den Wohnverhältnissen nicht ungewöhnlich: Fast 90,0 % der Befragten lebten im Alter von 14 Jahren bei den Eltern, fast zwei Drittel (65,0 %) hatten ein eigenes Zimmer. Zwischenzeitlich hat sich aber einiges getan: Zum Zeitpunkt der Befragung wohnten noch 23,7 % bei den Eltern, mehr als drei Viertel hatten den Auszug aus der elterlichen Wohnung bereits hinter sich. Die aktuelle Situation stellt sich höchst heterogen dar: Während 22,4 % als Single (in einigen Fällen mit Kind) einen Haushalt führen, leben 19,1 % mit einem Freund bzw. einer Freundin zusammen (auch hier in einigen Fällen mit Kindern) und bezeichnen sich 13,6 % als Bewohner einer Wohngemeinschaft (Kinder sind dabei eher eine Ausnahme). Nur 11,6 % leben in sogenannten „geordneten Verhältnissen“, also in einer Ehegemeinschaft mit oder ohne Kind. Auffallend ist der hohe Anteil an unbestimmten Antworten. Neben quasi familiären Wohnverhältnissen (z. B. Wohnen bei Großeltern und anderen Verwandten) ist hier der hohe Anteil an „flagranten Personen“ lokalisierbar, also jungen Menschen ohne festen Wohnsitz in Asylen und im Untergrund.

Tabelle 43:
Unterbringung im Alter von 14 Jahren
(N = 660, Angaben in %)

Wohnpartner	
Eltern/Elternteil	89,2
Großeltern	2,3
andere	8,5

Tabelle: ÖIBF

Tabelle 44:
Wohnsituation im Alter von 14 Jahren
(N = 660, Angaben in %)

Wohnsituation	
— ein eigenes Zimmer	65,0
— mit Geschwistern oder einem Geschwisterteil ein Zimmer	25,4
— kein eigenes Zimmer	9,6

Tabelle: ÖIBF

Tabelle 45:
Derzeitige Wohnsituation
(N = 660, Angaben in %)

	allein	allein mit Kind	mit Freund/in	mit Freund/in und Kind	in einer Wohngemeinschaft	mit Kind in Wohngemeinschaft	mit Ehepartner	mit Ehepartner und Kind	bei Eltern	bei anderen
männl.	21,7	0,2	15,2	1,8	14,3	0,2	2,3	6,0	26,6	11,5
weibl.	15,4	7,7	16,7	6,3	10,9	0,9	2,7	15,4	18,1	5,9
Total	19,6	2,8	15,7	3,4	13,1	0,5	2,4	9,2	23,7	9,6

Tabelle: ÖIBF

Wie die Tabelle zeigt, sind allerdings die praktischen Verhältnisse bei männlichen und weiblichen Befragten sehr unterschiedlich. Die Tatsache etwa, daß Mädchen früher das Elternhaus verlassen als Burschen, wird auch bei den Drop-outs wirksam: Nur 18,1 % der Mädchen wohnen bei den Eltern, während 26,6 % der Burschen noch „im Nest" sitzen. Das Single-Dasein ohne Kind erleben Burschen (21,7 %) öfter als Mädchen (15,4 %), während letztere weit eher allein mit einem Kind leben (7,7 % gegenüber 0,2 %). Mädchen leben häufiger mit einem Freund zusammen (23,0 %) als Burschen mit einer Freundin (17,0 %) und sind weitaus öfter verheiratet (15,4 % gegenüber 6,0 %).
Hier ist ein Hinweis auf das Alter eingeschlossen, das im Loslösungs- und Selbstkonstituierungskonzept ohne Zweifel eine große Rolle spielt. Bei den Befragten, die über 25 Jahre alt sind, ist erwartungsgemäß die Zahl der noch bei den Eltern Wohnenden auf 9,3 % geschrumpft (was aber bedeutet, daß immerhin jeder Zehnte den elterlichen Haushalt noch nicht verlassen hat!).
Einen großen Zuwachs verzeichnete die Gruppe der Singles (30,8 %, teilweise mit Kind), während die Verheirateten nur 21,0 % erreichen. Vier Fünftel der über 25jährigen Befragten sind also nicht verheiratet — schlechte Zeiten für die Ehe.

Tabelle 46:
Derzeitige Wohnsituation nach Altersgruppen
(N = 660, Angaben in %)

	allein	allein mit Kind	mit Freund/in	mit Freund/in und Kind	in einer Wohn-gemein-schaft	mit Kind in Wohn-gemein-schaft	mit Ehe-partner	mit Ehe-partner und Kind	bei Eltern	bei anderen
bis 25 J.	16,7	1,6	15,3	3,5	13,7	0,5	1,9	5,3	31,0	10,6
über 25 J.	25,7	5,1	16,8	3,3	11,2	0,5	3,7	17,3	9,3	7,0
Total	19,7	2,8	15,8	3,4	12,8	0,5	2,5	9,3	23,8	9,4

Tabelle: ÖIBF

Die Wohnungsgröße ist erwartungsgemäß gering, obwohl der relativ hohe Anteil an Wohngemeinschaftsmitgliedern die Größenangaben verzerrt. Jeweils etwa ein Viertel der Befragten wohnt in einer Wohnung mit einem (24,6 %), mit zwei (25,7 %) oder mit drei (23,3 %) Zimmern. Etwa die Hälfte lebt in einer Wohnung mit weniger als $60m^2$.

Tabelle 47:
Wohnungsgröße (Anzahl der Zimmer)
(N = 660, Angaben in %)

Anzahl der Zimmer	
1 Zimmer	24,6
2 Zimmer	25,7
3 Zimmer	23,3
4 Zimmer	11,6
5 und mehr Zimmer	14,9

Tabelle: ÖIBF

Tabelle 48:
Wohnungsgröße (m^2)
(N = 660, Angaben in %)

Wohnungsgröße	
bis 34 m^2	25,6
über 35 bis 44 m^2	12,8
45 bis 59 m^2	10,9
60 bis 89 m^2	28,5
90 bis 129 m^2	14,8
130 m^2 und mehr	7,3

Tabelle: ÖIBF

Schmale Brieftaschen verlangen billige Wohnungen. Dementsprechend geben 43,5 % höchstens öS 1.000,— für die Wohnung aus, weitere 28,4 % höchstens öS 2.000,—.
Dennoch ist die gegenwärtige Wohnsituation für viele ein Fortschritt. Als sie von zu Hause weg in eine neue Wohnung zogen, hatten 39,6 % nur ein Zimmer und wohnten fast zwei Drittel (65,7 %) in einer Wohnung mit weniger als 60m^2.

Tabelle 49:
Wohnungsgröße nach dem Auszug aus dem Elternhaus (Anzahl der Zimmer)
(N = 660, Angaben in %)

Anzahl der Zimmer	
1 Zimmer	39,6
2 Zimmer	23,1
3 Zimmer	17,7
4 Zimmer	9,9
5 und mehr Zimmer	9,7

Tabelle: ÖIBF

Tabelle 50:
Wohnungsgröße nach dem Auszug aus dem Elternhaus (m^2)
(N = 660, Angaben in %)

Wohnungsgröße	
bis 34 m^2	40,1
über 35 bis 44 m^2	15,0
45 bis 59 m^2	10,6
60 bis 89 m^2	20,0
90 bis 129 m^2	8,9
130 m^2 und mehr	5,3

Tabelle: ÖIBF

5.3 Auszug aus dem Elternhaus

Der Auszug aus dem Elternhaus erfolgte, sofern er bis zur Befragung schon stattgefunden hatte, bei mehr als der Hälfte im Alter zwischen 15 und 18 Jahren, also relativ früh. Umso bedeutsamer war daher für viele die Möglichkeit, frühzeitig ans Geldverdienen heranzukommen.

Tabelle 51:
Alter beim Auszug aus dem Elternhaus
(N = 660, Angaben in %)

Alter	
bis 15 Jahre	10,0
über 15 Jahre bis 18 Jahre	51,4
über 18 Jahre	38,6

Tabelle: ÖIBF

Früh und spät zugleich — ein Widerspruch in den Lebensäußerungen, der schwer auszubalancieren ist. Auf der einen Seite sind Loslösungswünsche von zu Hause ein wichtiger Faktor für den Abbruch — andererseits ist der Abbruch oft auch ein die Loslösung (Enttäuschung der Eltern) förderndes Moment. Der frühe Abschied von zu Hause korrespondiert mit labiler Lebenssituation über einen längeren Zeitraum hinweg, indem ein Zustand des Unfertigen und der Bewegung erlebt wird, den die Umstände nicht aufzulösen gestatten. Labilität als Perspektive — das Schicksal des Drop-out.

Die Aspekte der frühen Loslösung werden in einer Rückschau auf bedeutsame Lebensäußerungen sichtbar. Mehr als zwei Drittel (69,4 %) waren höchstens 15, als sie erstmals sehr verliebt waren; 28,5 % hatten in diesem Alter bereits eine feste Freundin oder einen festen Freund. Immerhin 51,6 % hatten bis 15 schon sexuelle Erfahrungen. Etwa 70,0 % konnten ihr Aussehen selbst bestimmen (70,3 %). Mehr als die Hälfte konnte mit 15 das erste Mal genug Geld verdienen, um für sich selbst zu sorgen (56,3 %).

Pikanterweise hatten in diesem Alter nur 16,8 % erlebt, mit „Sie" angesprochen zu werden — ein bemerkenswerter Bruch in der interpersonalen Wahrnehmung: hier das Kind — dort der junge Erwachsene.

Bemerkenswert auch Ergebnisse, die nur Minderheiten betrafen: 35,7 % konnten im Alter zwischen 12 und 15 Jahren bereits weggehen und heimkommen, wie sie wollten; 19,1 % waren bei der ersten Urlaubsreise auf eigene Faust höchstens 15 Jahre alt.

Auf der anderen Seite ist der Anteil derjenigen Befragten, die zum Zeitpunkt der Befragung noch keine der beschriebenen Erfahrungen gemacht hat, bei allen Items sehr gering — außer bei der „Sie"-Anrede, die fast zwei Fünftel noch missen.

Feste Beziehungen sind schwer objektivierbar. Meinen die Respondenten in späteren Lebensabschnitten, daß „längere Dauer" ein Ausmaß von etlichen Jahren ist, ist in der Jugend die Festigkeit schon mit dem Gelingen zeitweiliger Stabilisie-

Tabelle 52:
Zeitpunkt der Ersterfahrung bei wichtigen Lebenserwartungen
(N = 660, Angaben in %)

Zeitpunkt, wann sie das erste Mal …	Alter			
	bis 12 Jahre	über 12 bis 15 Jahre	über 15 bis 18 Jahre	über 18 Jahre
— sehr verliebt waren	22,6	46,8	27,1	3,5
— selbst bestimmen konnten, wie sie aussehen wollten	24,1	46,2	27,0	2,7
— weggehen und heimkommen konnten, wann sie wollten	3,2	32,5	58,5	5,8
— auf eigene Faust eine Urlaubsreise machten	1,6	17,5	67,5	13,4
— selbst sexuelle Erfahrungen machten	6,3	45,3	44,4	4,1
— von den meisten Leuten mit „Sie“ angesprochen wurden	0,8	16,0	61,2	22,0
— eine feste Freundin/einen festen Freund hatten	1,1	27,4	53,1	18,4
— genug Geld verdient haben, um für sich selbst zu sorgen	0,0	4,5	51,8	43,7

Tabelle: ÖIBF

Tabelle 53:
Ersterfahrung bei wichtigen Lebensäußerungen nach Geschlecht
(N = 660, Angaben in %)

	ja	nein
männlich	84,2	15,8
weiblich	90,2	9,8
Total	86,3	13,7

Tabelle: ÖIBF

rung gleichzusetzen. Etwa der Hälfte der Befragten war es bisher gelungen, eine „feste Beziehung“ von mindestens einem Jahr zuwege zu bringen. Auch in dieser Frage sind Unterschiede nach dem Geschlecht — Mädchen machen diese Erfahrung eher als Burschen — und nach dem Alter — ältere Befragte haben natürlich eher feste Beziehungen erlebt — mitzudenken.

Tabelle 54:
Dauer der ersten festen Beziehung
(N = 660, Angaben in %)

Dauer	
bis 6 Monate	29,1
über 6 bis 12 Monate	20,5
über 1 bis 2 Jahre	22,0
über 2 Jahre	28,5

Tabelle: ÖIBF

Über die Tatsache, daß die Eltern von Drop-outs sehr wenig Aufklärungsarbeit leisten, ist im Zusammenhang mit der Berufsfindung (Kap. 4) bereits verwiesen worden. Im Hinblick auf Sexualaufklärung weitet sich dieses Defizit zum gesellschaftlich leider noch üblichen Desaster aus: Vater (8,2 %) und Mutter (16,8 %) leisten zusammen weniger Aufklärung als Freunde und Cliquen (25,3 %). Erstaunlich hoch ist der Anteil der Schule (14,9 %), hier hat sich in den letzten Jahren offenbar einiges zum Besseren gewendet. Autodidaktische Sexualaufklärung spielt aber nach wie vor eine bedeutende Rolle (22,1 %).

Entsprechend der eigenen Erfahrung wird das Alter der „Sexualreife“ seitens der Befragten eher niedrig eingeschätzt: 42,8 % sehen sie ab 14 als vorhanden an, später als 16 scheint nur mehr einer kleinen Minderheit (16,3 %) als richtiger Zeitpunkt.

Tabelle 55:
Träger der Sexualaufklärung
(N = 660, Angaben in %)

Aufklärer	
— Vater	8,2
— Mutter	16,8
— Schule	14,9
— Kirche	0,9
— erwachsene Verwandte/Bekannte	4,7
— Freunde	25,3
— eigentlich durch niemanden, habe mir alles selbst zusammengereimt	22,1
— anders	7,0

Tabelle: ÖIBF

Tabelle 56:
Alter bei Reife für Sexualleben nach Meinung von Drop-outs
(N = 660, Angaben in %)

Alter	
— ab 12 Jahren	13,3
— ab 14 Jahren	29,5
— ab 16 Jahren	41,0
— ab 18 Jahren	16,3

Tabelle: ÖIBF

5.4 Lebensziele

Generell ist also die Lebenssituation von Drop-outs eher kompliziert zu beurteilen. Ihr Anspruch, das Leben zu genießen, den sie als Jugendliche artikuliert haben (89,1 %) und zu dem sie heute mehr denn je stehen (91,9 %), hat sie in viele Verlegenheiten gebracht. Wenn sie heute in weitaus größerer Zahl bereit sind, diesen Anspruch mit der Anforderung zu kreuzen, im Leben etwas zu leisten (76,3 % gegenüber früher 56,5 %), so verweist dies auf eine Entwicklungsgeschichte persönlicher Lebensziele, die als Höhepunkt dieses Kapitels zu diskutieren ist.

Oberstes Ziel der Befragten ist die zwar inhaltlich unscharfe, emotional dafür umso stärker erlebte Kategorie der Freiheit (94,7 %). Fast ebenso viele wollen sich Freunde schaffen und/oder erhalten, mit denen sie offen und ehrlich reden können (94,8 %). Glück und Selbstverwirklichung geben 89,2 % an. Diese drei Ziele waren auch früher bereits in der Hierarchie voran, auffallend ist allerdings der hohe Anstieg bei der Selbstverwirklichung (von 78,7 % auf 89,2 %).

Auf diese allgemeinen Zielsetzungen folgt ein erstes Paket konsumorientierter Ziele, zu dem mehrmaliges Ausgehen pro Woche (68,5 %), Reisen und Urlaub (78,4 %), Auto (62,0 %) und Stereoanlage (72,0 %) gehören. Hier gibt es allerdings bemerkenswerte Hierarchieveränderungen zu früheren Einstellungen: Reisen und Urlaub nahm in dem Ausmaß an Wert zu, als mehrmaliges Weggehen an Attraktivität verlor. Eine Stereoanlage bleibt offenbar über längere Zeiträume hinweg ein Konsumhit junger Menschen, ebenso das Auto, das „mit den Jahren“ deutlich wichtiger wird.

Das allgemeine Anliegen der Emanzipation wiederum gehört zu den Werten mit besonders hohen Zuwachsraten (+ 14,9 %). Fast unverändert bleibt bei den generellen Zielen das Recht auf „Nicht-Arbeit“ (48,7 %), das allerdings vom Anliegen der Berufskarriere ausdrücklich verdrängt wird (60,9 %). Das Anliegen der Berufskarriere stieg in der Wertigkeit gegenüber früher gewaltig an (+ 19,4 %) und schafft in der Hierarchie einen großen Sprung nach vorn, während das Recht auf „Nicht-Arbeit“ in der Reihung zurückfiel.

Ein weiteres Paket konsumorientierter Zielsetzungen, wie umfangreiche Garderobe (50,2 %), Farbfernseher (45,2 %), Haus mit Garten (51,1 %) und Waschmaschine (56,5 %) er-

fährt interne Wertverschiebungen hin zu den beiden letztgenannten Objekten, interpretierbar als Tendenz zu „gesetzteren Verhältnissen“. Dafür spricht auch die starke Zunahme beim Sparen für die Kinder (40,1 %), während typische Mittelklassekonsumgüter, wie Geschirrspüler und Lebensversicherung, von den letzten Plätzen der Skala längerfristig nicht wegkommen (24,6 % bzw. 28,0 %).
Deutlich wird der Trend zu einer Erhöhung der Wertigkeit sichtbar, die positiven Differenzen überwiegen die negativen an Anzahl und Umfang bei weitem. Besonders auffallend ist, wie erwähnt, der Anstieg von emanzipatorischen Zielen und Karriereambitionen, zwei Ziele, die eher im Widerspruch zu den landläufigen Meinungen über die an den Rand gedrängten Drop-outs stehen.
Ganz offensichtlich sind die Drop-outs in ihrer großen Mehrheit integrier- und mobilisierbar, bedarf es in erster Linie geeigneter Hilfen, den Weg in zufriedenstellende Berufslaufbahnen zu ebnen. Nichts wäre gefährlicher als die Meinung, es handle sich um gescheiterte Existenzen, deren Bestand die Gesellschaft hinnehmen müsse. Im Gegenteil: man könnte überpointiert sogar sagen, daß im Gegensatz zu den „braven“ Jugendlichen, deren häufige „Stromlinienförmigkeit“ in Wirklichkeit viele Nachteile haben kann, die Drop-outs Umwege gegangen sind, die sie letztendlich zu einem wertvollen Potential machen können.
Gerade in einer Zeit, in der in vielen Bereichen Verknappungen an Arbeitskräften eintreten, sind die Chancen, diese Reserve in Qualifikationsplanungen einzubeziehen, besonders wichtig. In der Reduktion des Drop-out-Potentials auf die wenigen, die nur schwer integrierbar sind, ist eine zentrale Maßnahme der Mobilisierung für die Zukunft zu sehen. Es wird dann auch leichter fallen, für die wenigen, die aus verschiedenen Gründen die Integration nicht schaffen können, geschützte Bedingungen einer Teilintegration zu sichern.

Tabelle 57:
Lebensziele als Jugendlicher und heute
(N = 660, Angaben in %)

Ziele	früher wichtig	Position	jetzt wichtig	Position	Diff.
— Freiheit	94,4	1	95,7	1	+ 0,3
— gute Freunde, mit denen man reden kann	93,2	2	94,8	2	+ 1,6
— Glück und Selbstverwirklichung	78,7	3	89,2	3	+ 10,5
— genügend Geld, um mehrmals pro Woche ausgehen zu können	78,4	4	68,5	6	— 9,9
— eine Stereoanlage	73,2	5	72,0	5	— 1,2
— Geld für Reisen und Urlaub	69,9	6	78,4	4	+ 8,5
— Auto	51,1	7	62,0	8	+ 10,9
— Emanzipation	47,8	8	62,7	7	+ 14,9
— umfangreiche Garderobe	47,5	9	50,2	12	+ 2,7
— Recht auf „Nicht-Arbeit"	47,2	10	48,7	13	+ 1,5
— Farbfernseher	41,9	11	45,2	14	+ 3,3
— Berufskarriere	41,5	12	60,9	9	+ 19,4
— eigenes Haus mit Garten	31,1	13	51,1	11	+ 20,0
— Waschmaschine	25,3	14	56,5	10	+ 31,2
— Eigentumswohnung	23,2	15	39,2	16	+ 16,0
— Ersparnisse für die Kinder	20,0	16	40,1	15	+ 20,1
— Geschirrspüler	15,1	17	24,6	18	+ 9,5
— Lebensversicherung	13,5	18	28,0	17	+ 14,5

Tabelle: ÖIBF

Schlußnotiz

Michael:

„Mein Verhältnis zu den Eltern heute?
Das ist unterschiedlich, von Vater zu Mutter, es ist auch mit der Zeit immer besser geworden, aber meine Mutter hat eigentlich nie aufgehört zu meckern, obwohl da jetzt schon wieder mehr Spannungen zu spüren sind von ihrer Seite, seit ich meinen letzten Job aufgegeben hab'.
Ich kann natürlich auf einige Erfolge hinweisen, die ich mit meiner Berufslaufbahn gemacht hab', und mein Vater akzeptiert das, weil er weiß, was dazugehört, und meine Mutter hat das nicht so, die weiß nicht, was im Berufsleben sich so abspielt, die hat noch nie angestellt gearbeitet, war halt Hausfrau. Sie kann sich nicht vorstellen, was es heißt, zu einem gewissen Punkt zu kommen und das Einkommen zu haben, sodaß die das nicht ganz so akzeptieren kann oder nicht ganz so, ich mein', natürlich hat man als Kind immer so eine Vorstellung im Kopf, daß man nachher Lob kriegt von zu Hause, aber sie kann dieses Lob nicht so richtig aussprechen, weil sie nicht weiß, was los ist, die hat die Vorstellung nämlich nicht."

6. Kommunikationslinien

„Besser arm dran als Fuß ab“
„Wir sind die Leute, vor denen uns unsere Eltern immer gewarnt haben“
„Sex and Drugs and Rock’n Roll“
„No Dope — no Hope“
„Arbeiten ist gut, Freizeit ist besser“
„Fuck yourself and give me money“
„Ich liebe Donald Duck und das Wunderwarzenschwein“
„You all are shocking me“
„Love is a piece of gold — hard to find and hard to hold“
„Es gibt zehn Weisheiten, neun davon sind: wenig reden, die zehnte ist: schweigen“
„Die einzige Chance einen Freund zu haben ist, dir selber einer zu sein“
„Look in the sun and be happy“
„Ich traue keinem über 30“
„Lieber vom Orgasmus gezeichnet, als von Picasso gemalt“

Drop-out-Sprüche

6.1 Hinweise zur Situation

Claudia:
„Also in meiner Freizeit, da geh’ — ich geh’ eigentlich gern auf so Konzerte und so und ins Kino.
Ich steh’ mir’s total auf Leut’ treffen und einladen und so quatschen.
Freizeit ist schon sehr wichtig, also ich möcht’ nicht weniger haben, also mehr arbeiten oder so, eher schon kürzer — aber das heißt nicht, daß mir das Arbeiten keinen Spaß macht, wennst länger nichts tust, dann wirst nämlich so trübsinnig, hast zu nichts mehr Lust, also ich glaub’, es ist schon wichtig, daß man arbeitet.“

Michael:
„Meine Mutter, glaub’ ich, hat meinen Schulabbruch immer noch nicht vollkommen verkraftet im Gegensatz zu meinem Vater, und irgenwie sind jetzt, als ich mich selbständig g’macht hab’, alte Wunden bei meiner Mutter wieder aufgerissen.
Mein Vater hat das Vertrauen zu mir, ich mein’, Du kennst eh die Schwierigkeiten, daß die Eltern unheimlich vorsichtig sind und um Gottes Willen, eine gute Anstellung aufgeben, dann meckert mein Vater nicht mehr, sag ma so, meine Mutter hat sicher mehr gemeckert, die ist auch wesentlich sicherheitsbewußter.“

Gespräch mit Norbert:
„Was machst Du in Deiner Freizeit?"
„Hm, die meiste Zeit beim Wirtn, sonst durch die Gegend bummeln, mit ein paar Freunden. Die meiste Zeit sind wir eh nur beim Wirtn, da können wir Karten spielen, ohne daß uns wer stört, in Ruhe was trinken."
„Wie groß ist Dein Freundeskreis?"
„Da ist jedesmal wer anderer dabei, das kann ich gar nicht so sagen. Einmal kommt der, dann kommt wieder keiner. So ist das."
„Woher kennst Du Deine Freunde?"
„Die meisten sind mit mir aufgewachsen. Ein paar kenne ich erst kurze Zeit, eh von dort, im einundzwanzigsten Bezirk."
„Machst Du Sport?"
„Habe ich mal gemacht, Fußball gespielt, es g'freut mich der Sport nicht mehr, da war unter der Woche Training, dann am Wochenende spielen, da bleibt kaum noch Freizeit."

Gespräch mit Yvonne:
„Man ist so müde vom Tag, daß man froh ist, abends ins Bett zu kommen. Am Wochenende unternimmt man was mit Freunden, ganz verschieden."
„Was würdest Du tun, wenn Du mehr Geld hättest?"
„Ganz unterschiedlich, ich würde viel mehr Kleider kaufen, bummeln gehen, irgendwas kaufen."
„Was ist mit Deinem Interesse fürs Theater?"
„Gehe ich auch ganz gerne, ich war jetzt in „Les Misérables", auch ganz gerne ins Kabarett, wenn ich mehr Geld hätte, würde ich auch mehr ins Theater gehen."

Gespräch mit Hilde:
„Was hast Du vorher gemacht in Deiner Freizeit?"
„Am Feierabend bin ich nach Hause gekommen, dann kommt der Martin so um sieben, dann tun wir meistens essen, Karten spielen, Fernsehen, wir gehen auch fort, also fad ist mir eigentlich nie."
„Hast Du Freundinnen?"
„Hab' ich, ehrlich gesagt, nur draußen in Niederösterreich gehabt. Da herinnen eher nicht."

Roland:
„Für mich ist es schwer einzuschätzen, wo die Freizeit anfängt und wo meine Aktivitäten einsetzen, also an sich im Moment ist es irgendwie ein großer Komplex und im Augenblick, ja ich mal' irrsinnig viel, aber, darauf leg' ich eigentlich auch großen Wert, daß ich das beruflich mach', was mich interessiert, und das interessiert mich natürlich sonst auch.
Im Moment ist auch, was Freizeit und Arbeit betrifft, irgendwie sehr ausgewogen, die letzten vier Jahre hab' ich irgendwie viel schwieriger verbracht, na, ich hatte einfach sehr viel Zeit, sehr viel nachzudenken, sehr viel zu lesen und manchmal ist mir das schon auf den Kopf g'fallen, sehr viele Probleme und sehr wenig Lösungsvorschläge."

Günther:
„Für mich gibt's eigentlich keine Freizeit, das ist eigentlich das Schlimme — es wär' eigentlich irrsinnig angenehm, zeitweise würd' ich mich ganz gern ausschalten, das wär' ganz angenehm, aber es geht halt nicht und das ist okay, dazu bin ich irrsinnig — ja man kann wirklich sagen geil auf Bildung, auf die Leut' also einfach. Ich möcht' was sehen, was erleben und so, das heißt, deswegen kann ich auch nie abschalten, aber jetzt bin ich soweit, daß ich einen gewissen Tagessatz haben muß, um halbwegs entspannt aus diesem Haus zu gehen, weil ich hab' mir ja selber Druck g'macht, indem ich mir g'sagt hab' okay, dieses eine Jahr, das zieh' ich jetzt durch."

Mutter einer Drop-out:
„Also jetzt, das hab' ich mir erst letztens so durchgedacht, also ich glaub' eigentlich, daß wir auch daran schuld waren, daß sie mit der Schule aufgehört hat. Die Mittelschule hätt' sie vielleicht fertiggemacht, aber die HAK hat ihr halt überhaupt nicht gefallen. Sie hat immer gesagt: Mama, ich krieg' das einfach nicht in den Kopf, das interessiert mich überhaupt nicht.
Ja, ich denk', daß das damals irgendwie ein Kompromiß war, aber eigentlich nur einer zwischen mir und meinem Mann, wir wollten halt was Sicheres für sie, und sie hat wirklich so überhaupt keine Vorstellung davon g'habt, was sie einmal machen will, und wir haben uns gedacht, mit der HAK hat sie einen guten Abschluß und kann auch nachher noch studieren, mit der Mittelschule wär' sie ja so auf's Studieren festgelegt gewesen, und ich hab' mir gedacht, wer weiß, vielleicht will sie einmal gar nicht studieren."

Günther:
„Also Arbeitszeit und Freizeit fallen für mich zusammen, also ich kann das überhaupt nicht trennen, wo hört für mich die Arbeit auf, wo fängt die Freizeit an, weil meine Interessen genau dort liegen, wo ich meine Jobs mach', und so gesehen verschwimmt das, abgesehen davon, daß ich selbständig bin und ich mir meine Zeit einteilen kann.
Ich sanier' alte Autos, Motorräder, also das ist ja auch wieder technischer Natur. Das wär das ungefähr, was man so als Hobby bezeichnen könnt'."

6.2 Einflüsse der Familie

Das Verhältnis der jungen Menschen zur Gesellschaft ist generell zwiespältig: auf der einen Seite betonen sie ihre Distanz, zum anderen reagieren sie äußerst empfindsam auf gesellschaftliche Probleme, deren Aufgreifen einem breiten

Politikerbegriff zugeordnet werden könnte. Junge Menschen artikulieren mit Nachdruck ihre Distanz zur „Welt" der Erwachsenen, heben ihr Streben nach Selbständigkeit und Unabhängigkeit hervor und wünschen, von den älteren Generationen mit ihren Problemen nicht gestört zu werden. [35])

Diese Position spricht das Mißtrauen an, das angesichts bestehender gesellschaftlicher Probleme in den Jugendlichen geweckt wird und das in vielfältiger Weise auch in den Meinungen und Absichten zum Ausdruck kommt. Jugendliche machen oft genug schon früh schlechte Erfahrungen mit der Welt der Erwachsenen, sei es in der Schule, in der Freizeit oder auch in der Familie. Drop-outs gehören nach all dem bisher Gesagten zu jener Gruppe junger Menschen, die diese negativen Erlebnisse meist nicht unbeschadet überstanden hat. Es ist zu erwarten, daß die Elemente der Aversion bei Drop-outs — oft an den Rand gedrängt, abgewertet und um viele Hoffnungen ärmer — noch stärker zur Geltung kommen, als dies bei anderen Gruppen von Jugendlichen ohnehin schon der Fall ist.

Besonderen Druck übt neben der „formenden" Ausbildungssituation in der Regel auf die Jugendlichen die Familie aus.

„Das kleinste Abbild der Gesellschaft ist die Familie. Sie widerspiegelt jenen sozio-ökonomischen Bedingungskontext, in dem sich ein Teil unserer Sozialisation vollzieht. Dieser (reziproke) Prozeß ist schichtspezifisch und hat — trotz Bildungsexpansion, die eher den Mittelschichtangehörigen zugute kam — nach wie vor Auswirkungen auf die Chance, ein bestimmtes Bildungsniveau zu erreichen. Eine Schichtspezifik, die sich auch innerhalb der Gruppe der Drop-outs zeigt, in der „Nichtprivilegierte" überrepräsentiert sind.

Ihr häusliches Anregungsmilieu scheint weniger günstig als das der „Privilegierten", wobei die restriktive Arbeitsplatzsituation bzw. Arbeitslosigkeit der Eltern oder eines Elternteiles, die damit in Einklang stehende Perspektivearmut sowie ökonomische Zwänge ein Erziehungsklima kennzeichnen, das kaum günstige Ausgangsbedingungen liefert.

Daneben sind es soziale Probleme, die sich aus „familiärer Desorganisation" ergeben, d.h. einer unkompletten Familie bzw. familiärer Zerrüttung und Streit, die deviantes Verhalten, den „dropout" mitbedingen.

Typischerweise kommt dieser „Bruch" in der Pubertät zum Ausdruck, in der sich die Loslösungswünsche von der Familie mit neuen Identifizierungen und der Besetzung neuer Objekte paaren. Erste sexuelle Erfahrungen und die begleitenden Rollenkonflikte können hier zu Spannungsverhältnissen gegenüber gesellschaftlichen (Zwang-)Institutionen führen. Geschlechtsspezifische Begründungen des „dropout" scheinen hier keine Rolle zu spielen." [36])

Autoritätskonflikte sind ebenso an der Tagesordnung wie Anpassung als Verzögerung des Erwachsenwerdens und Verharren in infantilen Beziehungsmustern. Allerdings wurde hier schon in früheren Kapiteln, etwa bei der Berufswahl oder bei der Sexualaufklärung, der eher geringe Einfluß der Eltern auf Drop-outs hervorgehoben.

Dieser Eindruck wird generell hinsichtlich der Meinungsbildung in der pubertären und postpubertären Phase (12—18 Jahre) bestätigt: Die Eltern von Drop-outs steckten in einer Autoritätskrise, wobei gar nicht feststellbar ist und auch nicht feststellbar zu sein braucht, ob sie wahrgenommen wurde oder nicht. Es scheint nach allen Befunden eher so zu sein, daß die Wahrnehmung der Krise in der Regel zu spät, erst in der dramatischen Situation des nicht mehr vermeidbaren Abbruches eines Ausbildungsganges erfolgte. Zuvor dominierte ein anderer Einfluß, nämlich der soziale Kontext

Tabelle 58:
Großer Einfluß auf die Meinungsbildung im Alter von 12—18 Jahren
(N = 660, Angaben in %)

	eher ja	eher nein
Familie (Eltern, Großeltern, Geschwister, usw.)	55,2	44,8
Freundeskreis (Clique)	75,7	24,3
Schule	24,5	75,5
Medien	31,9	68,2
andere	41,6	58,5

Tabelle: ÖIBF

des Freundeskreises (der Clique): 75,7 % schreiben der Clique großen Einfluß auf die Meinungsbildung zu, „nur" 55,2 % der Familie. Die Schule liegt mit 24,5 % in der Einflußnahme weit zurück, besser schneiden noch die Medien ab, deren großer Einfluß von 31,9 % wahrgenommen wird.

6.3 Bedeutung der Clique

Die Clique war auch der Hauptkontext der Gestaltung von Freizeitaktivitäten. Während nur 13,5 % ihre Freizeit in erster Linie mit der Familie verbrachten und immerhin 21,1 % diese Zeit mit einem Freund bzw. einer Freundin gestalteten, war für 30,0 % der Freundeskreis „Aufenthaltsort" in der Freizeit.

Tabelle 59:
Kontaktpartner in der Freizeit
(N = 660, Angaben in %)

Ich verbrachte meine Freizeit:	
— mit der Familie	13,5
— mit Schularbeiten	5,4
— mit Fernsehen	12,2
— mit den Freunden (Clique)	30,0
— mit der Freundin/dem Freund	21,1
— im Sportverein	9,8
— anders	8,0

Tabelle: ÖIBF

„Ein Identifikationsmuster, das in diesem Sinne weder leistungsbetont noch sanktionsbehaftet, gleichfalls „Fluchtpunkt" des einzelnen ist, bietet die peer-group, die Gruppe der Gleichaltrigen. Ihrer Ideologie gemäß wird die offizielle Gesellschaft, d.h. Familie, Schule, Ausbildung, nur mehr als erzwungene Zeit empfunden, in der man weder selbstbestimmt noch authentisch lebt. Eine frühe Verselbständigung gegenüber den Eltern und anderen Autoritäten kann die Folge sein." [37])

Cliquen sind formelle oder informelle Gruppen Jugendlicher mit spezifischen Identitätsmerkmalen und Ritualen, denen sich die Mitglieder unterwerfen, wie etwa in den Banden der fünfziger Jahre. Waren einst die Cliquen territorial geprägt, auf einen Distrikt („Grätzl") oder auch nur einen bestimmten Häuserblock konzentriert, so spielen heute andere Konstitutionierungsmuster die Hauptrolle; die Rekrutierungsfunktion der Straße hat in vieler Hinsicht ausgedient. Heute spielen „interessenzentrierte" Cliquen eine wichtige Rolle, die von Fußballfans bis zur Friedensbewegung reichen, „habituelle" Verbände, wie etwa Rocker, Mods oder Skinheads, sind zwar nicht verschwunden, erreichen aber meist nur kleine Gruppen Jugendlicher.

Fragt man Drop-outs nach ihrer Zugehörigkeit, ihrer Sympathie und ihrer Ablehnung hinsichtlich verschiedener Cliquenmuster, ergeben sich Resultate, die eigentlich wenig auf Randgruppensituationen schließen lassen. Typische Imageträger des Ausflippens wie Punker oder Rocker kommen nur auf bescheidene Mitgliederzahlen (6,6 % bzw. 3,7 %), auch Hausbesetzer wie die „Leute von der Ägidigasse" (Wien) werden selten geschätzt (7,9 %). Deutlich mehr befragte Jugendliche waren geneigt, organisierte Formen der Aggressionsabfuhr, wie Fußball-Fans (16,0 %), Motorrad-Fans (20,1 %) oder Disco-Fans (19,6 %) aktiv in Anspruch zu nehmen. Daß Fanclubs von Musik-Gruppen (39,5 %) besonders viele Jugendliche ansprechen, ist keine Überraschung. Daß jedoch alternative politische Bewegungen, insbesondere Umweltschützer (41,4 %) sowie Kernkraftgegner (35,6 %) derartig hoch (ein)geschätzt werden, hat überrascht. Als einzige alternative Bewegung blieb die Friedensbewegung deutlich hinter diesen Ergebnissen zurück (16,1 %), allerdings macht ein außerordentlich hoher Sympathiewert (68,1 %) das Manko der unmittelbaren Bereitschaft zur Beteiligung wieder wett. Die drei politischen Bewegungen erhielten auch die weitaus niedrigsten Werte der Ablehnung (8,4 % bzw. zweimal 15,8 %), an die nur mehr die Fan-Clubs von Musikgruppen (16,8 %) herankamen.

Die meisten anderen Cliquen fassen hohe Werte der Ablehnung aus, so auch Rocker (61,5 %), neue Jugendreligionen (74,0 %), Punker (51,1 %) und Popper (73,3 %), um nur einige zu nennen. Besonders „out“ scheinen militaristische und nationalistische Gruppen zu sein, an deren Antipathiewerte (81,1 % bzw. 81,2 %) alle anderen nicht herankommen.

Dabei sind geschlechtsspezifische Unterschiede nicht zu übersehen, wenn es sich etwa um das Verhältnis zu Motorrad-Fans, Fußball-Fans oder Disco-Fans handelt. Erwartungsgemäß dominieren Burschen bei den Fußball-Fans (22,0 %), während nur wenige Mädchen sich mitgerissen

Tabelle 60:
Zugehörigkeit, Sympathie und Ablehnung in bezug auf Cliquen
(N = 660, Angaben in %)

Clique	Zugehörigkeit	Sympathie	Ablehnung
Umweltschützer	41,4	50,2	8,4
Friedensbewegung	16,1	68,1	15,8
Kernkraftgegner	35,6	48,6	15,8
Fans von Musikgruppen	39,5	43,7	16,8
Motorrad-Fans	20,1	44,1	35,8
Disco-Fans	19,6	40,0	40,3
Hausbesetzer	7,9	48,2	43,9
Rock-gegen-rechte-Gruppen	7,3	46,3	46,3
kirchliche Jugendgruppen	11,4	38,4	50,2
Punker	6,6	42,3	51,1
Fußball-Fans	16,0	31,2	52,8
Rocker	3,7	34,8	61,5
Popper	2,2	24,5	73,3
neue Jugendreligionen	1,8	24,2	74,0
Bundesheer-Fans	2,5	14,4	83,1
national eingestellte Gruppen	0,9	15,9	83,2

Tabelle: ÖIBF

fühlen (4,5 %). Auch Motorrad-Fans finden sich unter Burschen (22,4 %) häufiger als unter Mädchen (16,0 %), während Mädchen deutlich öfter die Reihen der Disco-Fans füllen (26,0 %) als Burschen (16,2 %).

Bei den am meisten geschätzten Gruppen, wie Kernkraftgegner und Umweltschützer, sind kaum Unterschiede zwischen den Geschlechtern feststellbar.

Nicht weniger als 41,9 % der Befragten haben einer dieser Cliquen angehört oder gehören ihr noch an. Jede(r) Fünfte war noch nicht 12 Jahre, als er (sie) sich der Clique anschloß (20,3 %), mehr als die Hälfte war spätestens mit 15 Jahren Mitglied der Clique.

Tabelle 61:
Zugehörigkeit zu einer Clique
(N = 660, Angaben in %)

	ja	nein
Zugehörigkeit zu einer Clique	41,9	58,1

Tabelle: ÖIBF

Tabelle 62:
Alter beim Eintritt in die Clique und Alter beim Austritt
(N = 660, Angaben in %)

Alter	Zeitpunkt des Anschlusses	Zeitpunkt des Verlassens
bis 12 Jahre	20,3	0,8
über 12 bis 15 Jahre	32,4	8,6
über 15 bis 18 Jahre	42,6	37,2
über 18 Jahre	4,7	53,4

Tabelle: ÖIBF

Für mehr als die Hälfte überdauerte die Cliquenzugehörigkeit den 18. Geburtstag. Mädchen bildeten in den Cliquen die Minderheit, in der Regel waren etwa doppelt soviele Burschen dabei als Mädchen.

6.4 Bedeutung des Fernsehens

Der Weg in eine Clique ist auch die nach außen getragene Flucht aus der Familie. Aus der elterlichen Wohnung in der Freizeit „abzuhauen", also auf die Straße oder in den Park zu gehen, war für die Jugend in größeren Orten früher die Hauptform der „temporären Emigration" von zu Hause. „Innere Flucht", also der Rückzug mit Buch („Hefteln") oder Briefmarkenalbum in die Welt der Phantasie war nur möglich, wo die Wohnverhältnisse dies zuließen.

Dies hat sich mit den neuen Wohngewohnheiten der letzten Jahrzehnte geändert. Es ist nicht zuletzt auch mit dem Fernsehen ein neuer, sehr beliebter Gefährte für die Abkapselung von der familiären Umgebung entstanden, der nicht ohne Einfluß auf die persönliche Entwicklung bleibt.

Neben den Cliquen spielt also heute die mediale Umwelt der Jugendlichen eine zunehmend stärker werdende Rolle bei der „Sinnfindung". Das medial „Abweichende" gewinnt Normalität, die desillusioniert und beim Jugendlichen ein Bild von der Gesellschaft entstehen läßt, das die Sinnlosigkeit einer zielgerichteten Lebensplanung widerspiegelt.[38])

In der Tat folgt der Fernseher bei den Freizeitkontakten mit 12,2% in der Wendezeit vom Kind zum Jugendlichen der Familie (13,5%) dicht auf den Fersen. Fast ein Drittel der Befragten (31,4%) verbrachte damals mehr als drei Stunden täglich vor dem Fernseher, die „elektrische Großmutter" früher Kindertage hat hier weiterhin wichtige Funktionen übernommen. Spielfilme (31,3%) und Serien (23,1%) standen im Vordergrund des Interesses.

Tabelle 63:
Beliebte Fernsehsendungen in der Jugendzeit
(N = 660, Angaben in %)

Fernsehsendungen	
— Spielfilme	31,3
— Reportagen	13,5
— Nachrichten	12,4
— Serien (Krimis usw.)	23,1
— Videofilme	11,4
— Kindersendungen	4,9
— anderes	3,4

Tabelle: ÖIBF

6.5 Antiautoritäres Verhalten

Gemäß ihrer Situation war bei Drop-outs eine stärkere Ausprägung antiautoritärer Verhaltens- und Denkweisen zu erwarten.

„Der Jugendliche verweigert sich zwar der Stigmatisierung durch die Gesellschaft und betont seine individuelle Unabhängigkeit. Da jedoch der soziale Kontext (die Leistungsgesellschaft), in dem Stigmatisierung bzw. funktionale Passivität entsteht, weitgehend bejaht wird, bleibt es beim bloßen Ressentiment, wobei jugendliches Aufbegehren sicherlich einen äußerst relativen Begriff darstellt: Die meisten Jugendlichen schlagen sich eben durchs Leben, ohne je mit einer Jugendkultur in Berührung zu kommen, schon gar nicht mit abweichendem Verhalten. Vielleicht kleiden sie sich nach dem letzten Schrei, drücken damit aber nicht unbedingt einen eigenen Lebensstil aus ...; sind eben Konformisten oder einfach „straighte" Typen." [39])

Belege für den Frust gab es in dieser Untersuchung nicht gerade wenige, doch wie geht es dann weiter? Wie entwickelt sich ein Drop-out, wenn sein Abbruch schon länger zurückliegt? Von erheblicher Bedeutung für die Beschreibung der

Situation von Abbrechern sind daher die Veränderungen, die sich in den Auffassungen seit jenen Zeiten, in denen der Abbruch stattfand, ergeben haben. Unterschiedliche Lebenssituationen erzeugen je nach Erfahrungslage unterschiedliche Sympathien. Bei den befragten Drop-outs findet die Situation eines Menschen, dem das Leben Spaß macht, heute die meisten Sympathien (18,8 %). Sehr sympathisch sind auch Menschen, die immer das machen, was sie für richtig halten und sich durch andere nicht vom Weg abbringen lassen

Tabelle 64:
Sympathie für verschiedene Lebenshaltungen
(N = 660, Angaben in %)

Lebenshaltungen	Sympathie: früher	Sympathie: heute
Mir ist jemand sympathisch,		
— der mit Gleichgesinnten in einer Wohngemeinschaft lebt	14,7	12,3
— dem das Leben Spaß macht	20,7	18,8
— der mit der üblichen Art, wie man bei uns leben sollte, nicht zurande kommt und daher eher depressiv ist	8,2	7,8
— der statt der „üblichen" Art zu leben ein alternatives Leben führt	14,2	13,8
— der einen Beruf gefunden hat, der ihm viel Spaß macht	10,1	14,3
— der verheiratet ist und Kinder hat	6,1	8,9
— der immer das macht, was er für richtig hält und sich durch andere nicht von seinem Weg abbringen läßt	14,8	14,7
— der keine Probleme und Schwierigkeiten hat und die Welt einfach so hinnimmt, wie sie ist	11,2	9,4

Tabelle: ÖIBF

(14,7 %), und solche, die einen Beruf gefunden haben, der ihnen Spaß macht (14,3 %). Weniger attraktiv sind dagegen Depressive, die nicht mit der Welt zurechtkommen (7,8 %) und Verheiratete mit Kindern (8,9 %).
Früher war die Wertung ganz ähnlich ausgefallen, nur das Leben in einer Wohngemeinschaft war mit hohen Sympathiewerten in der sonst unveränderten Spitzengruppe vertreten. Dies zeugt von einer gewissen Kontinuität von Grundeinstellungen, die längere Lebensphasen überdauern. Weniger resistent gegenüber fortschreitendem Alter erweisen sich hingegen Stereotype über das Verhältnis zu den Erwachsenen. Während die Befragten etwa als Jugendliche großteils glaubten, den Erwachsenen mangle es an Verständnis für sie (77,5 %), findet diese Meinung heute nur mehr deutlich geringere Zustimmung (68,7 %). Ähnliche Substanzverluste müssen die Werte bei der Unabhängigkeit (79,5 % gegenüber 62,9 %), Jugendfeindlichkeit (67,3 % gegenüber 54,8 %) und Bedeutung des Freundeskreises (64,7 % gegenüber 49,6 %) hinnehmen.

Späteres Verhältnis zu den Eltern

Drastisch verändert hat sich die Meinung über das Verhältnis zu den Eltern. Während früher nur 56,5 % meinten, man solle sich trotz aller Probleme bemühen, die Eltern zu verstehen, sind heute 85,2 % dieser Meinung. Die Zeit heilt offenbar so manche Wunden.

Michael:
„Eigentlich komm' ich jetzt sehr gut mit den Eltern aus. Dieses Wochenende kommen sie auf Besuch. Aber damals ist der Kontakt zu ihnen komplett abgebrochen, ich hab' mit 19 1/2 zu ihnen gesagt, so jetzt geh' ich nach Wien und aus, und mein Vater hat mir noch damals prophezeit, ja du wirst doch eh im Straßengraben enden. Mein Vater und ich haben den Konflikt von damals ausgefochten und können menschlich wieder miteinander, mein Bruder hingegen, der immer versucht hat, sich anzupassen, findet keine Basis mehr mit meinem Vater.
Der Kontakt ist wieder zustandegekommen, wie ich ein paar Monate schon in Wien war und sie gesehen haben, daß ich ernst mach' und dann haben sie den ersten Schritt gemacht, ich hätt' ihn wahrscheinlich nicht gemacht oder später erst.

Meiner jetzigen Situation stehen meine Eltern sehr positiv gegenüber, trotz allem, also mein Vater hat ein Begriffsschema, wo es halt nicht möglich ist, einmal zu unterbrechen, also eine Arbeit, in Hinsicht auf Pension und Seelenheil."

Tabelle 65:
Verhältnis zu Jugendproblemen als Jugendliche und heute (Änderungen der Meinung)
(N = 660, Angaben in %)

Jugendprobleme	Zustimmung: früher	Zustimmung: heute
— die wenigsten Erwachsenen verstehen die Probleme der Jugendlichen wirklich	77,5	68,7
— wer in seiner Jugend zuviel Freizeit hat, bekommt später leicht Schwierigkeiten	17,5	31,3
— die heutige Gesellschaft ist gegenüber der Jugend feindlich eingestellt	67,3	54,8
— was junge Leute außerhalb des Elternhauses tun, ist ihre eigene Sache	79,5	62,9
— politische Probleme kann man am besten mit Freunden diskutieren, nicht in der Familie	51,4	46,8
— unsere Gesellschaft tut eigentlich eine ganze Menge für die Jugendlichen	23,5	37,7
— man sollte sich bemühen, die Eltern zu verstehen, auch wenn es manchmal schwer ist	56,6	85,2
— Jugendliche sollten ihre Berufswahl selber treffen und sich nicht von ihren Eltern dreinreden lassen	79,8	81,4
— von gleichaltrigen Freundinnen lernt und erfährt man mehr als von seinen Eltern	64,7	49,6
— wenn es um die Probleme der Berufsausbildung geht, sollte man sich schon etwas nach der Meinung der Eltern, Lehrer und Ausbilder richten, weil die ja mehr Erfahrung haben	40,6	52,8

Tabelle: ÖIBF

Mit dem Erwachsensein und der damit verbundenen Rollenänderung haben sich die antiautoritären Elemente also deutlich abgeschwächt. In der Jugendzeit waren antiautoritäre Symbole vielen nicht nur sympathisch, sondern auch öftere oder gelegentliche Versuche wert. Besonders „in“ waren „durchgemachte“ Nächte (47,0 %), ganz lautes Musik hören (46,5 %), Schule oder Arbeit schwänzen (45,5 %) sowie Unfug treiben (44,0 %). Überhaupt keinen Spaß machte dage-

Tabelle 66:
Späße in der Jugendzeit
(N = 660, Angaben in %)

	oft	gelegentlich	nie
— gerade dort „eine zu rauchen“, wo es nicht gestattet war	29,7	41,8	28,5
— schwarzzufahren (Bahn, Straßenbahn)	31,1	33,6	35,3
— so richtig rumzualbern und überhaupt nichts mehr ernst zu nehmen	44,0	44,8	10,8
— zwischendurch mal „blau zu machen“, in der Schule oder bei der Arbeit	45,5	37,9	16,6
— immer auf der Suche zu sein nach Abenteuer, Spannung, Action	43,1	47,4	9,5
— mit anderen die Nacht bis zum Morgen durchzumachen	47,0	41,2	11,9
— mit einem Fahrzeug wie verrückt durch die Gegend zu kurven	20,6	29,5	49,8
— Musik irrsinnig laut zu hören	46,5	37,4	16,1
— ganz verrückte Sachen anziehen	28,8	38,3	32,9
— ältere Leute zu provozieren und ihnen Angst zu machen	4,0	13,8	82,3
— die Haare auffällig, nach dem „letzten Schrei“ zu frisieren	12,6	23,5	64,0
— einen „Joint“ zu rauchen	22,9	25,9	51,2

Tabelle: ÖIBF

gen das Sekkieren alter Leute (4,0%); auch das Tragen auffälliger Haare war nur einer kleinen Minderheit wichtig (12,6%), während immerhin fast ein Viertel oft zum „Joint“ griff (22,9%).

Ein persönliches Fazit

Helmut:

„Ja, ich hab' damals sicher auch einen Aufhänger gebraucht, für mich und meine Umgebung, also irgendwas muß ich mir selber vorweisen können, jetzt aufzuhören und was ganz anderes anzufangen, es war irgendwie die Möglichkeit, also vorher ist es mir wirklich schlecht gegangen, also ich bin mir eigentlich ziemlich eingesperrt vorgekommen, war ziemlich gelangweilt, ich glaub', es waren vor allem die meisten Lehrinhalte, die ich damals als echte Zumutung empfunden hab', jetzt vielleicht gar nicht mehr so, also ich war damals wesentlich radikaler und irgendwie konsequenter in meinen Aktivitäten, ich hab' irgendwie streng nach meinen Instinkten, nach meinem G'fühl g'lebt, was manchmal sicher nicht gut war. Irgendwie hat das alles nicht zusammengepaßt, die ganze Nacht irgendwo rumhängen und feiern mit vielen Leuten und am nächsten Tag um 8 Uhr in der Schule. Gitarrespielen hat da viel eher dazugepaßt auch so von meinen Vorstellungen, wie das Leben halt sein soll, also ich hab' mich da irgendwie ziemlich ausgetobt, also das einzige, was ich eigentlich von damals noch irgendwie rübergerettet habe, ist der feste Glaube an das Reich-und-Berühmt-Werden, das geistert noch immer in meinem Kopf rum.“

7. Politische Einstellungen

7.1 Meinungsspiegel

Norbert:
„Ich tät viel verändern, alle Waffen abschaffen, wenn ich die Macht hätte, es gäbe keine Personen im ersten Rang und im zweiten Rang, so wie die Reichen und die Nichtreichen, es gäbe keinen Rassismus oder wie das heißt, diese Ausländerfeindlichkeit, es gäbe viel nicht, keine Polizei überhaupt. Es tät sich sehr viel ändern, wenn ich die Macht hätte."

Gespräch mit Yvonne:
„Was hast Du für politische Interessen?"
„Ich bin politisch überhaupt nicht interessiert, habe gar kein Interesse. Die kommen mir vor wie die großen Lügner, alle miteinander von allen Parteien."
„Würdest Du Dich vielleicht selbst politisch betätigen wollen?"
„Überhaupt nicht, wenn es mit den Parteien anders laufen würde, dann vielleicht."
„Liest Du Zeitungen oder hörst Du Radio?"
„Ja, ab und zu, Zeitungen lese ich mehr Mode- und Frauenzeitschriften, ab und zu die Tageszeitungen, die Krone, weil die hat das bessere Fernsehprogramm."

Gespräch mit Günther:
„Nein, politisch aktiv bin ich nicht, also ich würd' mich dann politisch engagieren, wenn zum Beispiel — oder mein politisches Engagement ist auf jeden Fall das, daß ich den Weg unserer Grünen mitverfolg', die g'fallen mir immer mehr, sonst gibt's keine Alternative für mich, sonst ist eigentlich eh nichts mehr wählbar bei uns, daß ich mich jetzt etwa engagieren würd' oder auf die Straße stellen würd', das würd' ich eigentlich nicht machen, wenn, dann würd' ich höchstens dafür schreiben oder, ja, für sie schreibend eintreten."
„Was liest Du, hörst Du Radio, siehst Du fern?"
„Fernsehen fast nicht, Zeit, Spiegel regelmäßig, eher Wochenzeitungen als Tageszeitungen, außer, der Standard, endlich einmal eine halbwegs gute Tageszeitung, alles andere ist zu vergessen, ja und Radio hör' ich oft, Ö1 Mittagsjournal und so, Abendjournal, eigentlich Ö1, oft den ganzen Tag, ich tu eigentlich im Grunde sehr viel, um Informationen zu kriegen."

Gespräch mit Michael:
„Ich engagiere mich äußerst selten, äußerst selten, dann zu gewissen Sachthemen."
„Sag' ma politisch denkend."

„Wählen geh' ich, ja, obwohl, also, ich glaub' zwar nicht, daß ich was ausricht' damit, indirekt vielleicht, aber ich geh' trotzdem wählen."
„Was liest Du, hörst Du Radio, siehst Du fern?"
„Tageszeitungen, Informationsmagazine höher gestellter Natur, Geo, Trend, teilweise Profil, oder — also das ist meine Basis, wo ich meine Informationen beziehe, wobei ich vor allem übers Fernsehen viel Information krieg', aber nicht vom österreichischen, sondern von meinem Job her, ich mach' Satellitenfernsehanlagen, also die verkauf' ich, und da hab' ich natürlich ein Vorführgerät und alles und informier' mich über ausländische Sender.
Zum Beispiel Nachrichten aus den Vereinigten Staaten, ein Sender mit 24 Stunden Nachrichten am Tag, da kriegt man also wirklich alles mit was man will, mit speziellen Themen."

Gespräch mit Hilde:
„Ab und zu, aber da lese ich nur mein Sternzeichen und was sie im Fernsehen spielen. Im Fernsehen schaue ich mir sehr selten die Nachrichten an, wenn ich wissen will, wie das Wetter wird. Sonst eigentlich nicht."
„Warum interessiert Dich Politik nicht?"
„Weiß nicht, ist alles so fad, mich interessiert es nicht."

Roland:
„Also meine politischen Aktivitäten sind, vor allem seit ich die Zeitung mach', irrsinnig gestiegen, insbesondere auch rein vom Informationsfluß her, den ich über die Zeitung hab', weil ich komm' rein und das Postfach ist voll von Kulturangeboten, irgendwelchen neuerscheinenden Büchern und politischen Veranstaltungen."
„Was liest Du, hörst Du Radio, siehst Du fern?"
„Also rein privat und ohne bezug auf meine anderen Tätigkeiten les' ich sehr gern die Zeit jede Woche, Tagespolitik innerösterreichische krieg' ich durch die Organisation mit. Fernsehen tu ich überhaupt nicht, weil wir nämlich gar keinen Fernseher haben."

Bericht eines Sozialarbeiters über Karl:
„Zu seinem Interesse an politischen Ereignissen befragt, gibt Karl an, daß ihm das völlig gleichgültig sei. Die ersten zwei Seiten einer Tageszeitung überblättere er grundsätzlich. Auf die Frage nach Forderungen an die Politiker würde er sagen, es müsse auf alle Fälle für die Obdachlosen und Arbeitslosen mehr getan werden."

Bemerkungen zur Lage

„Stell dir vor, es ist Krieg und keiner geht hin"
„Morgen ist besser als heute"
„Nimm deinen Arsch in die Hand"
„Ewig währt am längsten"

„Ich hab' vor nichts mehr Achtung, und das ist gut, denn die Wirklichkeit ist ein einziger Betrug"
„Das treibt mir die Schamhaare ins Gesicht"
„Kinder an die Macht"
„Repariert, was euch kaputt macht"
„Die Wahrheit kann warten — sie stirbt nicht"
„Wir sind nicht hier, um Streit zu vermeiden"
„Du kannst einer invaliden Welt keinen Haxen ausreißen"
„Lieber am Busen der Natur, als am Arsch der Welt"
„Give Peace a Chance"
„Alle reden vom Frieden — doch keiner tut was"
„Eine Frau ohne Mann ist wie ein Fisch ohne Fahrrad"
„Wozu Männer? Ich mach' mir meine Katastrophen selber"
„Was sie nicht weiß, macht sie nicht heiß"
„Der Wahnsinn regiert die Welt"
„Genossen, das Weltall ist dunkel"

Drop-out-Sprüche

7.2 Große und kleine Sprüche

Zu den Eigenheiten der Jugendkultur gehört die Sympathie für Slogans, die von hohen Emotionalitätswerten begleitet, Lebenshaltungen und Trends in pointierten, mehr oder weniger logischen Sätzen zusammenfassen. Dabei muß zwischen Slogans mit hohem Bekanntheitsgrad und solchen mit hohen Sympathiewerten unterschieden werden. Sprüche mit hohem Bekanntheitsgrad müssen noch lange nicht geliebt werden, vielen scheint sogar der hohe Bekanntheitsgrad nicht gut zu bekommen: Sie sind zu alltäglich geworden, um das eigene Leben ausdrücken zu können, oder liegen ganz einfach neben dem Trend. Sprüche wie „Null-Bock" oder „No future" kennt zwar fast jeder, sie lassen aber die meisten heutzutage bereits kalt.
Das Schicksal, aus der Sprücheklopfer- und Sprayer-Mode zu kommen und „von gestern" zu sein, scheint aber nicht jeden Slogan zu treffen. Von einer den befragten Drop-outs vorgelegten Liste mit Slogans fand ein „Oldie" aus den sechziger Jahren eindeutig die meisten Sympathien: „Make Love — not War" (77,3 %!).

Tabelle 67:
Bekanntheitsgrad und Einschätzung von Slogans
(N = 660, Angaben in %)

Sprüche	Bekanntheitsgrad %	Bekanntheitsgrad Position	Sympathie %	Sympathie Position
— Null Bock	85,9	1	44,8	18
— Make love — not war	81,3	3	77,3	1
— Schwarzfahren ist billiger	73,3	4	51,2	10
— Macht kaputt, was euch kaputt macht	51,9	8	35,6	21
— Wer sich nicht wehrt, lebt verkehrt	55,6	6	69,6	3
— No future	84,3	2	27,2	25
— Uns geht es gut — fast zu gut	42,2	16	28,5	24
— Es gibt ein Leben vor dem Tod	49,5	9	60,9	6
— Wahnsinn, das ganze Leben ist Wahnsinn	41,5	17	44,0	19
— Keine Macht für niemand	46,3	12	50,3	11
— Legal—illegal—scheißegal	66,3	5	46,6	13
— Leben jetzt	49,2	10	72,6	13
— Die Arbeit lebe hoch, so hoch, daß niemand dran kommt	38,3	18	45,4	14
— Befreit Grönland — weg mit dem Packeis	42,6	15	36,6	20
— Mir san mir — und mir tuan was ma woin	47,3	11	31,1	23
— Keine Atommülldeponie auf dem Mars, denn Mars bringt verbrauchte Energie sofort zurück	32,2	20	48,4	12
— Sparen — nein danke	45,7	13	35,1	22
— Alle sind zufrieden — keiner ist glücklich	38,3	18	53,6	9

Sprüche	Bekanntheitsgrad %	Position	Sympathie %	Position
— Wir lassen uns nicht einmachen, kleinmachen, gleichmachen	28,3	22	55,6	8
— Du hast keine Chance — aber nütze sie	53,3	7	63,2	5
— Die Leute hier sind alle zubetoniert	31,6	21	45,3	15
— Gemeinsam lieben, leben, arbeiten — ohne diese Mauern überall	23,5	24	60,1	7
— Man muß so radikal sein wie die Wirklichkeit	27,1	23	45,2	16
— Phantasie an die Macht	43,8	14	64,6	4
— Nicht reden — werfen	23,5	24	15,5	26
— Strom ohne AKW's — Einkaufen ohne Geld — Wohnen ohne Vermieter — Arbeiten ohne Chefs	18,9	26	45,1	17

Tabelle: ÖIBF

Ebenfalls große Sympathien finden folgende Sprüche: der eingedeutschte Spruch: „Leben jetzt" („Live now", 72,6%), der Selbstbewußtseins-Text „Wer sich nicht wehrt, lebt verkehrt" (69,6%), der Andre-Heller-Ruf „Phantasie an die Macht" (64,6%) sowie die Zyniker-Parole „Du hast keine Chance, aber nütze sie" (63,2%).
Ziemlich unten durch sind neben „No future" (27,2%) auch der Sponti-Spruch „Befreit Grönland — weg mit dem Packeis" und vor allem der Anarcho-Slogan „Nicht reden — werfen" (15,5%). Auch einfältige Polit-Parolen wie „Uns geht es gut — fast zu gut" finden wenig Abnehmer. Auffallend nicht zuletzt auch die spontane Sympathie für hierzulande sehr wenig bekannte Slogans, wie etwa „Alle sind zufrieden,

keiner ist glücklich“ (53,6%), oder „Wir lassen uns nicht einmachen, kleinmachen, gleichmachen“ (55,6%) sowie „Gemeinsam lieben, leben, arbeiten, ohne die dicken Mauern überall“. Kommt die Flower-Power der sechziger Jahre vielleicht wieder? Manchem scheint damit ernst zu sein, wobei die Nuance beachtenswert ist, wenn gefordert wird: „*Wirkliche* Flower Power!“ Sprüche in Richtung melancholischer Träume von einer guten Welt, gemixt mit Impulsivität, scheffeln Sympathie — zumindest daran besteht nach diesen Aussagen kein Zweifel.
Auf den ersten Blick erscheinen etliche der folgenden Slogans als frech und subversiv — bei genauerer Betrachtung erweisen sich viele jedoch als engagiert, kreativ und — integrativ.

Dies gilt natürlich nicht für alle Sprüche. Originalität ist nun einmal nicht jedermanns Sache. Toleranz im übrigen ja auch nicht. Damit niemand einen Spruch in die falsche Kehle bekommt, wurden nicht alle Sprüche in den fortlaufenden Text aufgenommen. Für „Sammler“ nun noch einige Kostproben aus der Drop-out-Spraydose:

„Keine Panik auf der Titanic“
„Russen raus aus Afghanistan, Hände weg von unserem Dope!“
„Alles doof macht der Mai“
„Lieber rot als tot“
„Aber ja — aber nein — aber nicht doch“
„Bullen sind wie Schnittlauch — außen grün, innen hohl und sie treten meist gebündelt auf“
„Mir san mir, mir san stärker wie die Stier, mir san härter wia die Stan, weil ma echte Kärntner san“
„Kill the Nazis, kill them all!“
„Österreich — Bullenstaat, wir haben dich zum Kotzen satt“
„Kein Gott — kein Staat — kein Sklave“
„Steif wie ein Bleistift in Neustift“
„Auch ein Hippie muß mal Pippi“
„Das Wasser gibt dem Ochsen Kraft, dem Menschen tuts der Rebensaft, drum danke Gott, du guter Christ, daß du kein Ochs geworden bist.“
„Am Morgen einen Joint, und der Tag ist dein Freund“
„Vranitzky und Mock, dann schon lieber mein Bock“
„Aufi, Zuwi“

„Petting statt Pershing"
„Niemals vergessen"
„Bier und Wein — schütt ich rein"
„Last — not least"
„Genug!"

7.3 Perspektiven und Ängste

Die eigene Lebensperspektive wird zum Zeitpunkt der Befragung eigentlich recht positiv aufgefaßt. Die größte Gruppe meint, genaue Vorstellungen von dem, was sie im Leben erreichen will, zu haben (17,1 %), eine weitere Gruppe ist mit ihrem Leben recht zufrieden (16,8 %) und eine dritte Gruppe

Tabelle 68:
Vorstellungen von der persönlichen Lebensperspektive (früher und heute)
(N = 660, Angaben in %)

Persönliche Lebensperspektiven	früher	heute
— das Leben ist sinnlos und man könnte daran verzweifeln	11,8	3,7
— ich sehe zwar nicht viel Sinn, aber es macht Spaß zu leben	13,5	10,9
— ich finde das Leben sinnvoll, aber mühsam	11,8	14,0
— das Leben ist sinnvoll und macht Spaß	9,9	13,3
— eigentlich bin ich mit meinem Leben zufrieden	10,4	16,8
— oft stehe ich vor einer Mauer von Problemen und weiß nicht mehr weiter	15,3	10,1
— wenn man einiges hinunterschluckt, kommt man schon zurecht	8,3	7,9
— ich wüßte gern, wofür ich mich echt engagieren soll	10,0	6,3
— ich habe ziemlich genaue Vorstellungen von dem, was ich in meinem Leben erreichen will	9,0	17,1

Tabelle: ÖIBF

findet das Leben sinnvoll, aber mühsam (14,0 %). In der Zeit der Pubertät wurden die Perspektiven allerdings noch ganz anders gesehen: die größte Gruppe meinte, oft an einer Mauer zu stehen und nicht weiterzuwissen (15,3 %), eine

Tabelle 69:
Ängste am Ende der Schulzeit und heute
(N = 660, Angaben in %)

Ängste	am Ende der Schulzeit	heute
— daß immer mehr Kernkraftwerke gebaut werden	8,7	9,4
— daß man sich wegen der zunehmenden Kriminalität nicht mehr sicher fühlen kann	3,0	3,2
— vor Krankheit	8,3	7,3
— vor Arbeitslosigkeit	5,7	5,2
— vor Unfällen mit Atomkraftwerken	7,9	10,0
— vor der Auflösung der Demokratie	2,2	3,3
— vor Gleichmacherei	3,4	3,0
— vor Linksradikalismus	2,4	2,8
— vor der Umweltzerstörung	10,4	13,0
— vor Krieg	14,3	10,7
— daß so viele Jugendliche von Alkohol und Drogen abhängig sind	4,3	4,4
— daß die Ausländer uns die Arbeitsplätze wegnehmen	2,0	2,2
— daß die Entscheidungen der Politiker immer undurchsichtiger werden	4,1	6,7
— daß der persönliche Freiheitsspielraum immer mehr eingeengt wird	8,9	7,3
— daß Jugendliche in Schule und Betrieb zu wenig mitbestimmen können	7,0	3,3
— vor Rechtsradikalismus	7,3	8,4

Tabelle: ÖIBF

weitere Gruppe sah zwar nicht viel Sinn, aber viel Spaß am Leben (13,5 %) und eine dritte Gruppe schließlich fand das Leben sinnvoll, aber mühsam (11,8 %). Mit dem Älterwerden ist offenbar eine größere Bereitschaft, die Realität zu akzeptieren, verbunden, wobei manche Depression zurückgenommen werden kann.

Geblieben ist allerdings die Angst vor möglichen gesellschaftlichen und individuellen Katastrophen, insbesondere vor Umweltzerstörung (13,0 %), Krieg (10,7 %) und Kernkraft (10,0 %). Allesamt Ängste, die auch schon früher vorhanden waren und das politische Verhalten in erheblichem Ausmaß mitbestimmen. Hingegen sind Themen, die häufig dem ökonomisch an den Rand Gedrängten zugesprochen werden, wie Angst um die Arbeitsplätze gegenüber Ausländern (2,2 %) oder Angst vor Arbeitslosigkeit (5,2 %), weit geringere Probleme, zumindest im direkten Vergleich mit den Umweltängsten.

7.4 Politisches Engagement

„Die in allem, ob in Ökonomie, Politik oder Ökologie feststellbare und weit verbreitete Sinn- und Orientierungskrise unserer Gesellschaft ist nicht zu leugnen. Vielfach scheinen Ratlosigkeit und Perspektivearmut, gepaart mit Ohnmachtsgefühlen, die einzigen Offenbarungen unserer Zeit zu sein. Eine mehr oder weniger starke Unzufriedenheit, ein „Unbehagen an der Moderne“ macht sich breit und erschwert oftmals den Aufbau einer lebensperspektivisch wirksamen Arbeits- und Leistungsorientierung.
‚Postmaterialistische' Werte, die im Zuge der Hinterfragung des in sich bisher geschlossenen Systems von Leistung, Aufstieg und Erfolg an Boden gewinnen, vermitteln ‚neue' Ziele. Ziele, die auch den Legitimationsgrad der Politik relativieren. Ob allerdings Distanzierungs-, Probier- oder bewußte Protesthandlung, die ‚Rebellion' bleibt aus. Demgegenüber steht bei der Mehrzahl der Dropouts ‚Konformität' im Vordergrund.“ [40])

Das Verhältnis zum politischen Engagement trägt den beschriebenen Wahrnehmungsweisen gesellschaftlicher Probleme deutlich Rechnung. Außer Diskussion steht für die große Mehrheit die Teilnahme an Wahlen (68,4 %). Danach folgt aber gleich das Mitmachen bei Unterschriftenaktionen (60,3 %) sowie die Teilnahme an genehmigten Demonstrationen (40,2 %). Auch spontane Demonstrationen erfreuen sich beträchtlichen Zulaufs (28,3 %). Während Eintritt und Mitarbeit in Parteien nur von 9,7 % vollzogen werden, pikanterweise sogar seltener als das Besetzen von Fabriken und Häusern (10,1 %). Weitaus öfter kommt hingegen die Mitarbeit bei Bürgerinitiativen und Selbsthilfegruppen vor (19,2 %).

Tabelle 70:
Formen politischer Beteiligung
(N = 660, Angaben in %)

Beteiligungsformen	ja	nein
— an Wahlen teilgenommen	68,4	31,6
— in eine Partei eingetreten und mitgearbeitet	9,7	90,3
— bei Unterschriftenaktionen mitgemacht	60,3	39,7
— über persönliche Kontakte und Beziehungen Einfluß genommen	28,5	71,5
— an genehmigten Demonstrationen teilgenommen	40,2	59,8
— Häuser, Fabriken besetzt	10,1	89,9
— in kirchlichen Gruppen mitgearbeitet	16,3	83,7
— bei Bürgerinitiativen und Selbsthilfegruppen mitgemacht	19,2	80,8
— in der Gewerkschaft, in Betriebs- und Personalräten mitgearbeitet	12,0	88,0
— an spontanen Demonstrationen teilgenommen	28,3	71,7
— anderes	21,2	78,8

Tabelle: ÖIBF

Tendenzen der Radikalisierung lassen sich dabei aber generell nicht feststellen; für die Befragten ist die Demokratie trotz aller Mängel die beste Staatsform (80,3 %). Die Mängel werden allerdings auch angesprochen: Für viele besteht der Eindruck, Demokratie werde nur vorgespielt, in Wirklichkeit bestimmen nur ganz wenige Leute (66,6 %), weiters gehe es vielmehr um das Parteien- als um das Allgemeininteresse

(78,7 %) und hätten die Politiker Gesellschaft und Wirtschaft nicht wirklich im Griff (62,8 %). Dennoch meinen schließlich nur wenige, es sei ihnen egal, ob sie in einer Demokratie leben oder nicht (16,5 %) und zweifelt nur eine Minderheit die Sinnhaftigkeit von Wahlen an (33,7 %).

Tabelle 71:
Einschätzungen zum politischen System
(N = 660, Angaben in %)

Einschätzungen	eher ja	eher nein
— Demokratie ist trotz aller Mängel die beste Staatsform	80,4	19,7
— es ist mir im Grunde egal, ob ich in einer Demokratie lebe oder nicht	16,4	83,5
— Demokratie wird nur vorgespielt, in Wirklichkeit bestimmen nur ganz wenige Leute	66,6	33,4
— es geht viel mehr um die Parteien als um das Allgemeininteresse	78,7	21,3
— es ist sinnlos, zur Wahl zu gehen, weil man damit sowieso nichts ändert	33,7	66,3
— die Politiker haben Gesellschaft und Wirtschaft nicht wirklich im Griff, trotz aller Mühe können sie einmal auftauchende Krisen nicht bewältigen	62,8	37,2
— die Demokratie in Österreich ist zwar ein gutes System, aber sie muß versagen, wo ganz neue Probleme auftreten	47,4	52,7
— auch in Österreich wird es früher oder später zu tiefgreifenden Änderungen der Gesellschaft kommen, die nicht konfliktfrei und gewaltlos verlaufen können	52,5	47,6

Tabelle: ÖIBF

Nachbemerkungen zum politischen Engagement

„Wir mischen uns ein"
„Tu gut, sei gut, sei eins"
„Einigkeit macht stark"
„Sie wollen nur unser Bestes, aber wir geben es Ihnen nicht"
„Kampf für das Leben"

Drop-out-Sprüche

Tabelle 72:
Einstellung zur Politik
(N = 660, Angaben in %)

Einstellungen	
— wenn es bei uns bessere Parteien gäbe, könnte ich mir vorstellen, daß ich mich politisch stärker einsetzen würde	17,9
— als junger Mensch sollte man heute die Finger von der Politik lassen	4,7
— in meinem Freundeskreis spielt Politik keine Rolle	14,0
— ich kümmere mich überhaupt nicht mehr um Politik und schaue nur, daß es mir gutgeht	10,6
— es funktioniert bei uns in der Politik ganz gut	3,2
— der einzige Grund für mich, einer Partei beizutreten, wäre die Hoffnung, dadurch eine Wohnung zu bekommen	6,0
— die politischen Führer unseres Landes leisten im Endeffekt gute Arbeit	4,1
— eigentlich hat man nichts von den Parteien	14,2
— in meiner näheren Umgebung möchte ich mich ganz gern für so manches einsetzen	15,1
— wenn man sich bei uns politisch einsetzen will, so muß man auf jeden Fall bei einer Partei sein	10,3

Tabelle: ÖIBF

Mißtrauen gegenüber Parteien

Wie bei allen anderen Gruppen von Jugendlichen kommt auch bei den Drop-outs neben dem Bekenntnis zum demokratischen System eine tiefe Aversion gegen die bestehenden politischen Parteien zum Ausdruck. Diese haben es in den letzten Jahren offenbar „meisterhaft verstanden“, die Verachtung großer Teile der Jugend zu „gewinnen“.
Politisches Engagement artikuliert sich daher nicht nur in betonter Distanz zu den älteren Generationen, sondern auch und vor allem außerhalb der Organisationen und Institutionen, in denen traditionellerweise politisch gehandelt wird.
Die Distanz zu den Parteien kommt bereits in generellen Stellungnahmen deutlich zum Ausdruck. Für 17,9 % scheitert der politische Einsatz an der Schwäche der Parteien, für 14,2 % sind sie wertlos, obwohl sich viele gerne um politische Fragen kümmern würden (15,1 %).

Daß unter den Drop-outs nur wenige Militaristen sind, wurde schon an früherer Stelle klar. Demgemäß wird auch der Zivildienst (60,1 %) weit positiver gesehen als das Bundesheer (21,4 %). Bemerkenswert ist der relativ hohe Anteil an für den Militärdienst Untauglichen (23,4 %).

Tabelle 73:
Stellung zu Bundesheer und Zivildienst
(Angaben in %)

	eher positiv	eher negativ
— Bundesheer	21,4	78,7
— Zivildienst	60,2	39,8

Tabelle: ÖIBF

Das Mißtrauen gegenüber Parteien läßt sich in der Folge noch konkreter definieren. Es konzentriert sich vor allem auf Verschwendung von Steuergeldern und Korruptionsverdacht — in beiden Fällen traut nur eine Minderheit der Befragten den Parteien Lösungskompetenzen zu. In allen anderen Fällen, so etwa auch beim Umweltschutz, finden sich jedoch teilweise deutliche Mehrheiten, die den Parteien sachbezogene Lösungskompetenzen zusprechen, wobei allerdings nicht alle Parteien in gleicher Weise angesprochen sind.

Tabelle 74:
Ableistung der Wehrpflicht
(Angaben in %)

— Bundesheer absolviert	39,0
— Zivildienst absolviert	13,8
— Bundesheer noch ausständig	11,2
— Zivildienst noch ausständig	4,2
— bin untauglich	23,4
— möchte beides nicht machen	8,4

Tabelle: ÖIBF

Tabelle 75:
Lösungskompetenzen von politischen Parteien (insgesamt)
(N = 660, Angaben in %)

Lösungskompetenz	ja	nein
— neue Arbeitsplätze und Aufstiegsmöglichkeiten für Jugendliche zu schaffen	64,6	35,4
— für ernstzunehmenden Umweltschutz zu sorgen	75,9	24,1
— erschwingliche Wohnungen zu bauen	55,3	44,7
— Verschwendung von Steuermitteln zu verhindern	46,4	53,6
— praxisnähere Schulausbildung zu fördern	53,9	46,1
— Kampf gegen Korruption und Privilegien zu betreiben	47,5	52,5
— Anliegen Jugendlicher in der Politik stärker zu berücksichtigen	56,3	43,7
— mehr und bessere Freizeit- und Sportmöglichkeiten zu schaffen	51,1	48,9

Tabelle: ÖIBF

Bezogen auf die einzelnen Parteien sind die Zuordnungen von Lösungskompetenzen sehr unterschiedlich verteilt. Der SPÖ wird zugestanden, für die Schaffung neuer Arbeitsplätze und Aufstiegschancen Jugendlicher (64,6 %), für den Bau erschwinglicher Wohnungen (57,2 %), für praxisnähere Schulbildung (47,5 %) und für bessere Freizeit- und Sportmöglichkeiten (52,5 %) kompetent zu sein. Den Grünen wird Kompetenz hinsichtlich der Verhinderung der Verschwendung von Steuergeldern (35,3 %), des ernstzunehmenden Umweltschutzes (83,2 %), der praxisnäheren Schulbildung (23,5 %), des Kampfes gegen die Korruption (46,1 %), des Verzichts auf Großkraftwerke (79,1 %) und der stärkeren

Tabelle 76:
Lösungskompetenzen der einzelnen politischen Parteien
(N = 660, Angaben in %)

Lösungskompetenz	SPÖ	ÖVP	FPÖ	GRÜ	KPÖ
— neue Arbeitsplätze und Aufstiegsmöglichkeiten für Jugendliche zu schaffen	64,6	12,3	6,8	10,7	5,5
— für ernstzunehmenden Umweltschutz zu sorgen	9,0	3,6	2,6	83,2	1,5
— erschwingliche Wohnungen zu bauen	57,2	8,2	6,3	12,6	15,6
— Verschwendung von Steuermitteln zu verhindern	25,2	9,6	19,3	35,3	10,6
— praxisnähere Schulausbildung zu fördern	47,5	16,0	7,6	23,5	5,5
— Kampf gegen Korruption und Privilegien zu betreiben	18,0	5,7	21,1	46,1	9,2
— Anliegen Jugendlicher in der Politik stärker zu berücksichtigen	29,2	7,2	14,0	39,8	9,8
— mehr und bessere Freizeit- und Sportmöglichkeiten zu schaffen	52,5	16,7	7,7	15,4	7,7

Tabelle: ÖIBF

Vertretung der Anliegen Jugendlicher (39,8 %) zugesprochen. Die Freiheitlichen haben sich einiges Vertrauen in Richtung Verhinderung von Verschwendung der Steuergelder (19,3 %) sowie Kampf gegen die Korruption (21,1 %) geschaffen. Die Werte der ÖVP sind durchgängig schlecht; ginge es nach den Drop-outs, würden die Grünen im Parlament eine Hauptrolle (neben der SPÖ) spielen, während die ÖVP zum Statisten degradiert wäre.

Schlußworte

„Sinnvolle Arbeit für alle"
„Why not the best?"
„Make love — not war"
„Just for fun"
„Leben und leben lassen"
„Schluß mit den Sprüchen"

Eure Drop-outs

7.5 Schlußfolgerungen

Alle Aussagen zu den Drop-outs — die Daten, die Begründungen, die Meinungen, die Sprüche usw. — werfen irgendwann die Frage auf, was an dieser Gruppe von Jugendlichen eigentlich letztlich anders sei. Meist hat man den Eindruck, über ganz normale — dieser obskure Begriff sei hier gestattet — junge Menschen zu schreiben, leicht vergißt man ihren „Sonderfall".

Zum Drop-out wird man nicht geboren, zum Drop-out wird man gemacht. Gott sei Dank hat unsere europäische Gesellschaft es noch nicht geschafft, die Stigmatisierung auf die Spitze zu treiben. Sie hat noch die Chance umzukehren und die Abseitsfalle aufzuheben.

Vielen Drop-outs geht es nicht gut. Sie führen ökonomisch eine Randexistenz, etliche sind überhaupt ausgeflippt. Nur wenige haben es schon geschafft, sich ein Stück hochzukämpfen und Licht am Ende des Tunnels zu sehen. Kampf, im Sinne von Existenzkampf, scheint überhaupt ein Schlüsselbegriff im Leben von vielen Drop-outs zu sein. Sie haben es schwerer als die meisten anderen, die in der Regel bescheidenen Ansprüche zu erfüllen.

In vielem handelt die Gesellschaft den Drop-outs gegenüber unfair. Es ist zu einfach, das Versagen zu personalisieren und die Institutionen aus der Verantwortung zu entlassen. Es ist zu billig, einerseits vom „lebenslangen Lernen" dauernd zu reden und auf der anderen Seite auf die Brücken zu verzichten, die für seine Verwirklichung — auch im Sinne der Aufhebung von Bildungsdefiziten — notwendig sind.

Die demokratische Gesellschaft kann sich die Aussonderungsprozesse um die Drop-outs nicht leisten. Sie muß Platz für alle jungen Menschen haben und ihnen faire Entwicklungschancen bieten können. Es gibt nur wenige, die alle Chancen auslassen. Die meisten Menschen ergreifen sie — die einen früher, die anderen später — wenn sie ihnen nur gegeben werden.

8. Zusammenfassung

Problemstellung

Der Drop-out-Begriff gehört zu den geläufigsten Ausdrükken der Bildungsreformdiskussion. Er wird auf alle möglichen Phänomene der vorzeitigen Beendigung von Ausbildungsgängen in verschiedensten Institutionen angewandt. Das negative Image, das mit dem Begriff verbunden ist, beginnt allerdings erst dann zu wirken, wenn durch den Abbruch das Minimum an Kenntnissen und Fertigkeiten unterschritten wird, das für berufliche Tätigkeiten formell oder informell seitens der Gesellschaft erwartet wird.
In Österreich wird diesem informellen Anforderungsniveau von der großen Mehrheit der jungen Menschen Rechnung getragen: Nur mehr 2,1 % jedes Jahrganges nehmen nach der Pflichtschulzeit keine weiterführenden Bildungsgänge wahr. Für diese Jugendlichen sowie für jene, die in den weiterführenden Bildungsgängen scheitern, sind die Voraussetzungen für eine qualifizierte berufliche Tätigkeit (vorerst) nicht gegeben. Für sie bleibt der „Rest" jener Hilfs- und Anlerntätigkeiten, die in der großen Mehrzahl nur mehr auf Zeit der menschlichen Arbeitskraft anheim gestellt sind.
Drop-outs im Sinne des Verfehlens der gesellschaftlichen Minimalqualifikation erwartet in der Regel eine unsichere berufliche Zukunft, die von finanziellen Nöten, Arbeitslosigkeit, Mangel an Aufstiegschancen sowie sozialer Randposition geprägt ist.
Die Untersuchung versucht darzustellen, inwieweit das Schicksal der Drop-outs diesen beklemmenden Rollenerwartungen tatsächlich entspricht, wie die Drop-outs selbst diese Situation betrachten und welche Perspektiven der Auflösung dieser prekären Situation eruierbar sind. Als Instrumentarium der Erhebung wurde eine Kombination von quantitativen und qualitativen Elementen der Datengewinnung angewendet. Die Erhebung mittels Fragebogen wurde von zahlreichen unstrukturierten Gesprächen begleitet, die eine gro-

ße Fülle von konstituierenden, erläuternden und ergänzenden Informationen einbeziehen ließen.

Schulabbrecher, Angaben zur Person

Im Rahmen der Untersuchung wurden 660 Personen aus Österreich befragt, die keine auf die Pflichtschule aufbauenden Ausbildungsgänge begonnen oder erfolgreich abgeschlossen haben. Zwei Drittel der Befragten waren Männer, ein Drittel waren Frauen. Etwa drei Fünftel der Personen hatten das 27. Lebensjahr noch nicht überschritten. Zwei Fünftel der Befragten entstammten dem ländlichen bzw. kleinstädtischen Milieu, drei Fünftel dem großstädtischen Milieu.

Situation der Herkunftsfamilie

— Der Anteil kinderreicher Familien ist hoch.
— Nur 17,7 % der Befragten haben keine Geschwister.
— Jeweils 37,7 % haben mehr als einen Bruder oder eine Schwester.
— Der Anteil in der Vätergeneration, der nur Pflichtschulabschluß besitzt, beträgt 27,4 %.
— Der Anteil in der Müttergeneration, der nur Pflichtschulabschluß besitzt, beträgt 43,1 %.
— Der Anteil getrennt lebender oder geschiedener Eltern ist bei Drop-outs sehr hoch (27,5 %).
— Die Trennung der Eltern erfolgte größtenteils vor dem 14. Lebensjahr (71,9 %).
— Bei fast drei Viertel (72,5 %) konnten es sich die Eltern leisten, ihren Kindern eine weiterführende Bildung zu finanzieren.
— Bei 70,0 % waren die Eltern auch bereit, eine weiterführende Bildung zu finanzieren.
— 10,3 % sind ohne konkrete Zielsetzungen nach dem Pflichtschulabschluß zu Hause geblieben.

Unterstützung durch das Elternhaus:

— Die emotionale Distanz in der familiären Umwelt von Drop-outs ist groß.
— Offene Zuwendungen, wie gutes Zureden oder neu Motivieren, fand nur eine Minderheit (48,1 %).
— Unpersönliche Formen der Hilfe, wie Nachhilfeunterricht oder Wechsel in eine Privatschule fanden 27,9 %.
— Ein Viertel der Abbrecher fand zu Hause überhaupt keinen Rückhalt (24,0 %).
— Die Mütter unterstützten ihre Kinder bei Problemen weitaus öfter (38,2 %) als die Väter (13,7 %).
— Die Unterstützung von Freunden ist für Drop-outs größer als die der Väter (17,3 %).
— Der Mangel an Unterstützung bei der Bewältigung von Problemen ist bei Burschen (19,4 %) deutlich höher als bei Mädchen (9,1 %).
— 15,9 % erhielten von niemandem Unterstützung.

Beziehungen zwischen Eltern und Drop-outs

— Bei 21,1 % gab es häufig unterschiedliche Meinungen.
— Bei 18,2 % gab es häufig Streit.
— Nur 12,8 % hatten großes Vertrauen zu den Eltern.
— 2,0 % haben vieles gemeinsam mit den Eltern unternommen.
— Streit, Gleichgültigkeit und Autoritätskonflikte (40,3 %) hatten großen Einfluß auf das häusliche Klima.

Gründe für das Abbrechen einer Schullaufbahn

Zeitpunkt des Abbruchs

— 10,0 % der Befragten haben nach der Pflichtschule sofort zu arbeiten begonnen.
— 43,4 % haben eine weiterführende Schule abgebrochen.
— 25,5 % haben einen Lehrabschluß verfehlt.
— Die restlichen sind eher ohne konkrete Zielsetzungen nach dem Pflichtschulabschluß zu Hause geblieben.

Negative Schulkarrieren

— 33,2 % haben bereits vor Beginn des 9. Schuljahres mit Schul-Repetitionen Bekanntschaft gemacht.
— Ein Fünftel schaffte im 9. Schuljahr keinen positiven Abschluß.
— Nur für etwa die Hälfte der Abbrecher beginnt die Mißerfolgserfahrung erst im Bereich des weiterführenden Schulwesens.
— Für 64,1 % ist der Hauptgrund des Abbruchs, vom Lernen die Nase voll zu haben.
— 44,3 % verließen aufgrund des Wunsches nach ökonomischer Unabhängigkeit vorzeitig den Ausbildungsgang.
— 41,4 % scheiterten wegen Unklarheiten bezüglich der Wahl eines bestimmten Berufes.
— 40,5 % prägt die Resignation nach schlechten Schulleistungen.

Schulkritik der Abbrecher

— 34,1 % richteten ihre Kritik hauptsächlich auf den Problemkomplex Leistungsdruck, Streß und Benotung.
— 39,0 % kritisierten in erster Linie Unterrichtsqualität, Lehrerverhalten und Mitspracherechte.
— Wichtigstes Selektionsfach ist die Mathematik (20,2 %).
— Brüche in der Leistungsbeurteilung sind nach dem Wechsel in die weiterführende Schule (17,3 %), mit Eintritt der Pubertät (11,2 %) und nach Ende der Volksschule (8,5 %) feststellbar.
— 51,3 % betrachten die Antipathie zwischen Schülern und Lehrern als besonderes Handikap des abgebrochenen Ausbildungsganges.

Berufliche Situation von Schulabbrechern

Derzeitige Tätigkeit von Drop-outs

— 26,0 % der Drop-outs sind derzeit arbeitslos.
— 19,0 % sind als un- bzw. angelernte Arbeiter tätig.

- 64,5 % verfügen über ein eigenes Einkommen.
- 71,2 % der Einkommensbezieher verdienen unter öS 10.000,— im Monat.
- 35,5 % leben von finanziellen Unterstützungen verschiedenster Art.
- 78,1 % der Drop-outs ohne eigenes Einkommen müssen von höchstens öS 5.000,— im Monat leben.

Alter beim Eintritt ins Berufsleben

- 21,6 % waren erst 15 Jahre alt als sie ins Berufsleben eintraten.
- 24,7 % traten im Alter von 16 Jahren ins Berufsleben ein.

Gründe für die Wahl des Berufes

- Interesse an der speziellen Tätigkeit (33,8 %)
- Finanzielle Vorteile (15,2 %)
- Betrieb als günstige Gelegenheit (15,7 %)

Weiterbildungsinteresse

- 13,4 % wollen noch eine Lehre abschließen.
- 22,3 % wollen noch eine weiterführende Schule zu Ende bringen.
- 44,1 % wollen sich in Fortbildungskursen weiterbilden.

Zufriedenheit mit der gegenwärtigen Berufssituation

- Nur 23,3 % sind mit ihrer Situation sehr zufrieden.
- Weitere 41,3 % entscheiden sich ebenfalls für eine positive Antwort.
- 44,6 % würden, noch einmal vor die Wahl gestellt, weiter zur Schule gehen.
- 23,1 % würden in diesem Fall eine Lehre abschließen wollen.
- Nur 14,9 % würden die Tätigkeit, die sie zur Zeit ausüben, auch ein zweites Mal ergreifen wollen.

Stellung zur Leistung

- 77,0 % neigen der Auffassung zu, „nur wer etwas leistet, kann etwas erreichen".
- 63,2 % stimmen der Meinung zu, „Leistung sei die Garantie für Erfolg und Aufstieg".
- 86,3 % meinen, „das, was jemand wirklich leistet, oft nicht honoriert wird".
- 71,3 % betonen, „daß zum persönlichen und beruflichen Weiterkommen ganz andere Dinge gehören als Leistung".

Ansprüche an die Berufswelt

- 18,3 % erwarten gute Verdienstmöglichkeiten.
- 13,2 % erwarten gutes Betriebsklima.
- 11,4 % erwarten eine abwechslungsreiche Tätigkeit.
- Nur 11,8 % arbeiten zur Zeit in ihrem Wunschberuf.

Informationssituation bei der Berufswahl

- 33,0 % wußten so gut wie gar nichts über die beruflichen und schulischen Möglichkeiten.
- 53,3 % wußten teilweise über ihre Möglichkeiten Bescheid.
- 21,3 % beschafften ihre Informationen im Freundeskreis.
- 20,5 % haben die Informationen durch Eigeninitiative selbst zusammengetragen.
- 20,4 % bezogen ihre Informationen aus der Berufsberatung in der Schule.
- Nur 23,8 % geben die Eltern als wichtigste Informationsquelle an.

Zur Lebenssituation von Schulabbrechern

Wohnsituation

- Zur Zeit der Befragung waren noch 23,7 % bei den Eltern wohnhaft.
- 22,4 % lebten allein in einer Wohnung.

- 19,1 % lebten mit Freund oder Freundin zusammen.
- 13,6 % lebten in einer Wohngemeinschaft.
- 11,6 % lebten in einer Ehe mit oder ohne Kindern.
- 9,6 % lebten in anderen Verhältnissen (z. B. Asyle).

Wohnverhältnisse

- Etwa die Hälfte der Befragten lebt in einer Wohnung mit höchstens 2 Zimmern.
- 43,5 % geben für die Wohnung höchstens öS 1.000,— im Monat aus.
- Weitere 28,4 % zahlen bis höchstens öS 2.000,— im Monat.

Schlüsselerlebnisse der persönlichen Entwicklung

- Für 69,4 % war die erste große Liebe bereits im 15. Lebensjahr oder früher.
- Die ersten sexuellen Erfahrungen machten 51,6 % im Alter von höchstens 15 Jahren.
- 28,5 % hatten in diesem Alter (bis 15 Jahre) bereits einen festen Partner.
- 56,3 % machten im Alter von höchstens 18 Jahren bereits die Erfahrung, genug Geld zu verdienen, um für sich selbst zu sorgen.

Sexualaufklärung

- Vom Vater wurden 8,2 % der Befragten aufgeklärt.
- Von der Mutter erhielten 16,8 % die Informationen.
- 25,3 % wurden im Freundeskreis aufgeklärt.
- Ohne Aufklärung und auf sich allein gestellt blieben 22,1 %.
- Andere Wege der Aufklärung (z. B. Schule) fanden 27,5 %.

Verhältnis zu Lebenszielen

— Oberstes Anliegen ist die Freiheit (95,7 %).
— Weitere Anliegen sind das Finden guter Freunde, mit denen man vertrauensvoll reden kann (94,8 %) sowie Selbstverwirklichung (89,2 %).
— Gegenüber früher ist das Anliegen der Berufskarriere (60,9 %) stark gestiegen.

Die Lebensziele haben sich offenbar in Richtung Integration verschoben; eine Integration allerdings, der in der Regel der Aufstieg in wohlhabendere Schichten versagt bleibt.

Kommunikationslinien

Verhältnis zu Erwachsenen

Vergleicht man die Auffassungen von Drop-outs zum Zeitpunkt ihres Abbruchs und ihrer heutigen Situation, ergeben sich erhebliche Reduktionen antiautoritärer Tendenzen:

— 54,8 % glauben, die Gesellschaft sei gegenüber der Jugend feindlich eingestellt (früher 67,3 %).
— 49,6 % glauben, von gleichaltrigen Freunden oder Freundinnen lerne und erfahre man mehr als von den Eltern (früher 64,7 %).
— 85,2 % sind der Auffassung, man soll sich bemühen, seine Eltern zu verstehen, auch wenn es manchmal schwer ist (früher 56,6 %).
— 37,7 % meinen, die Gesellschaft tue eine ganze Menge für die Jugendlichen (früher 23,5 %).

Erinnerung an Jugendstreiche

— 45,5 % erinnern sich an das Schwänzen von Schule und Arbeit.
— 47,0 % schätzten das Durchmachen einer Nacht bis zum Morgen.

— 46,5 % begeisterten sich am Hören irrsinnig lauter Musik.
— 44,0 % hatten Spaß am Herumalbern.

Rolle des Freundeskreises oder der Clique

Die bedeutendsten subkulturellen Gruppen sind:

— Umweltschutzgruppen (41,4 %)
— Kernkraftgegner (35,6 %)
— Fanclubs von Musikgruppen (39,5 %)

Wenig Anklang finden zum Beispiel:

— Punker (6,6 %)
— Popper (2,2 %)
— Rocker (3,7 %)
— Militaristen (2,5 %)
— Nationale (0,9 %)

Zustimmung zu Slogans

Die beliebtesten Slogans um gesellschaftliche Stimmungen auszudrücken, sind:

— „Make Love, not War"
— „Live now"
— „Wer sich nicht wehrt, lebt verkehrt"

Out sind Slogans wie „No future", „Null-Bock", Chaoten- und Spontiaussprüche.

Politisches Engagement

Politisches Engagement begreifen die Jugendlichen zum einen als Nutzung der klassischen Demokratieformen, insbesondere der Teilnahme an Wahlen (68,4 %), aber auch der persönlichen Beteiligung etwa durch Mitmachen bei Unterschriftenaktionen (60,3 %), Teilnahme an genehmigten Demonstrationen (40,2 %) und Nützen persönlicher Kontakte (28,5 %). Völlig out scheint hingegen zu sein, in eine Partei einzutreten und mitzuarbeiten (9,7 %) — dieser Wert liegt unter jenem der Besetzung von Häusern und Fabriken (10,1 %).

Ängste vor gesellschaftlichen Entwicklungen

— 13,0 % fürchten sich vor der Umweltzerstörung.
— 10,7 % haben Angst vor dem Krieg.
— 10,0 % fürchten Unfälle mit Atomkraftwerken.

Verhältnis zum System

— 80,4 % sind der Meinung, daß Demokratie trotz aller Mängel die beste Staatsform sei.
— Nur 16,4 % behaupten, daß es ihnen im Grunde egal sei, ob sie in einer Demokratie leben oder nicht.
— Allerdings meinen 66,6 %, daß Demokratie nur vorgespielt werde und in Wirklichkeit nur ganz wenige Leute bestimmen würden.
— 78,7 % glauben, daß es nicht um das allgemeine Interesse, sondern vielmehr um Parteieninteresse gehe.

Mißtrauen gegenüber Parteien

Generell ist das Mißtrauen gegenüber Parteien sehr groß. In unterschiedlicher Weise wird den einzelnen Parteien Lösungskompetenz für bestimmte Fachfragen zugestanden:
— 64,6 % trauen der SPÖ zu, neue Arbeitsplätze und Aufstiegsmöglichkeiten für Jugendliche zu schaffen; 57,2 % trauen der SPÖ zu, erschwingliche Wohnungen zu bauen; 47,5 % meinen, die SPÖ wäre imstande, praxisnähere Schulausbildung zu fördern.
— 83,2 % trauen ernstzunehmenden Umweltschutz am ehesten den Grünen zu. 35,3 % glauben auch, daß die Grünen am ehesten der Verschwendung von Steuergeldern entgegenwirken könnten. 46,1 % meinen, daß die Grünen die Anliegen der Jugendlichen in der Politik stärker berücksichtigen würden.

— Die Freiheitlichen haben sich hinsichtlich der Verhinderung der Verschwendung von Steuergeldern (19,3 %) und des Kampfes gegen Korruption (21,1 %) Vertrauensanteile bei den Jugendlichen gesichert.
— Durchgehend mäßig bleiben die Werte für Kompetenzen bei der ÖVP.

Die Bereitschaft von Drop-outs, sich regelmäßig politisch zu informieren, ist deutlich größer als erwartet. Ganz offensichtlich handelt es sich um ein dynamisches Potential, dessen Nutzung für gesellschaftliche Anliegen allerdings einige Geschicklichkeit verlangt. Angesichts der Aufgaben, die auf die Gesellschaft zukommen, scheint es einerseits dringlich, diese Gruppe nicht weiter am Rand liegen zu lassen, andererseits auch ohne größere Probleme möglich, durch Konzepte des lebenslangen Lernens Bedingungen zu schaffen, Qualifikationsdefizite aufzuheben und die Integration in eine hochqualifizierte Gesellschaft zu schaffen.

Anmerkungen

[1]) *Ichheiser* 1970, S. 3
[2]) *Torberg* 1980, S. 290
[3]) *Ichheiser* 1970, S. 38
[4]) Vgl. *ÖIBF* 1989
[5]) *Peters* 1988, S. 5
[6]) *BMUKS* 1975, S. 66
[7]) *Bartels* 1979, S. 241 f.
[8]) *Seidl* 1969, S. 8
[9]) Vgl. *ÖIBF* 1985, 1987, 1988
[10]) Vgl. *Seidl* 1969, *Kvale* 1971
[11]) Vgl. *ÖIBF* 1989, *BMWF* 1985
[12]) Vgl. *Höhn* 1967
[13]) Vgl. *Seidl* 1969
[14]) *Rumpf* 1965, S. 88
[15]) *Goodman* 1965, S. 17
[16]) Vgl. dazu etwa den OECD-Bericht von 1966
[17]) *Seidl* 1969, S. 92
[18]) Vgl. *Gruber* 1985
[19]) Vgl. *Berger* 1985
[20]) Vgl. dazu *Bourdieu/Passeron* 1971
[21]) Vgl. *Kvale* 1971
[22]) Vgl. *Knapp/Verzetnitsch* 1985
[23]) Vgl. *Kvale* 1971
[24]) *ÖIBF* 1989, S. 8
[25]) Vgl. *ÖIBF* 1989
[26]) Vgl. z. B. *Kvale* 1971
[27]) Vgl. z. B. *Rumpf* 1967
[28]) Vgl. *Shell* 1985, *ÖIBF* 1987
[29]) Vgl. *ÖIBF* 1987
[30]) Vgl. *ÖIBF* 1987
[31]) Vgl. *ÖIBF* 1986, 1987
[32]) Vgl. *ÖIBF* 1985, *BMWF* 1984
[33]) Vgl. *ÖIBF* 1985, 1986
[34]) *ÖIBF* 1987, S. 101
[35]) Vgl. *ÖIBF* 1987
[36]) *ÖIBF* 1989, S. 56
[37]) *ÖIBF* 1989, S. 57
[38]) *ÖIBF* 1989, S. 57
[39]) *ÖIBF* 1989, S. 40
[40]) *ÖIBF* 1989, S. 57

Tabellenverzeichnis

Die Autoren

Maria Hofstätter,
geboren 4. Jänner 1952 in Wien, Studium der Erziehungswissenschaft, Psychologie, Soziologie und Politikwissenschaft.
Bereichsleitung Wissenschaft im ÖIBF (Österreichisches Institut für Berufsbildungsforschung). Forschungsschwerpunkte: Jugendarbeitsmarkt/regionale Beschäftigungsentwicklung; Lehrlingsbildung/Jugendliche ohne Berufsbildung; Qualifikationsentwicklung — Neue Technologien — Umweltschutz; Zukunftsperspektiven der Berufe.
ÖIBF, 1090 Wien, Kolingasse 15.

Ilan Knapp,
geboren im Jänner 1944 in Tel Aviv. Studium der Betriebswirtschaft (Mag.), der Wirtschaftspädagogik (Mag. Dr.) sowie der Soziologie und Psychologie. Langjährige Tätigkeit in der Jugend-, Berufsbildungs- und Arbeitsmarktpolitik sowie Lehr- und Gruppentätigkeit mit Lehrlingen, Arbeitern, Ausbildern und Lehrern. Lehrbeauftragter an der Universität Wien, TU Wien, WU Wien sowie FU Berlin. Geschäftsführer und Wissenschaftlicher Leiter am Österreichischen Institut für Berufsbildungsforschung (ÖIBF).
ÖIBF, 1090 Wien, Kolingasse 15.

Franz Palank,
geboren 18. Dezember 1947 in Wien, Studium der Erziehungswissenschaften, Soziologie und Philosophie. Leiter des Studienzentrums Wien im Interuniversitären Forschungsinstitut für Fernstudien (IFF). Projektmitarbeit am Österreichischen Institut für Berufsbildungsforschung (ÖIBF).
Studienzentrum Wien, 1080 Wien, Strozzigasse 2.

Literaturliste

Allerdeck, K.; Hoag, W.: Jugend ohne Zukunft? — Hamburg 1984

Bartels, H.: Ausschuß und Abfall. — In: *Kern, W. (Hg.):* Handwörterbuch der Produktionswirtschaft — Stuttgart 1979, S. 239—247

Blossfeld, H.P.: Bildungsexplosion und Berufschancen — Frankfurt/New York 1985

Berger, W.: Kritik der Entwicklung der Höheren Schule in Österreich — Klagenfurt 1985

Bernstein, B.: Klassifikation und Vermittlungsrahmen im schulischen Lernprozeß — In: Zeitschrift für Pädagogik, Heft 2/1971, S. 145—174

Bourdieu, P.; Passeron, J.-C.: Die Illusion der Chancengleichheit — Stuttgart 1971

Braun, H.; Knapp, I.: Jugend in Österreich — Realität und Perspektive — Wien 1985

Bundesministerium für soziale Verwaltung (BMS): Jugendliche auf dem österreichischen Arbeitsmarkt. Zunehmende Probleme der Integration — Wien 1984

Bundesministerium für Unterricht, Kunst und Sport (Hg.): OECD-Bericht 1975 — Wien 1975

Bundesministerium für Wissenschaft und Forschung (Hg.): Hochschulbericht 1987 — Wien 1984

Gehmacher, E.: Jugend in Österreich — die unberechenbare Generation — Wien 1984

Goffman, E.: Stigma. Über Techniken der Bewältigung beschädigter Identität — Frankfurt 1987

Goodman, P.: Das Verhängnis Schule — Frankfurt 1975

Gruber, K.-H.: Die verdrängte Schulreform — In: Berger, W.: Kritik der Entwicklung der Höheren Schule in Österreich — Klagenfurt 1985, S. 119—166

Höhn, E.: Der schlechte Schüler — München 1972

Ichheiser, G.: Kritik des Erfolges — Rotdruck 1970

Illich, I.: Entschulung der Gesellschaft — Reinbeck bei Hamburg 1973

Ingenkamp, K. (Hg.): Die Fragwürdigkeit der Zensurengebung — Weinheim/Berlin/Basel 1972, 2. Auflage

Jugendwerk der deutschen Shell (Hg.): Jugend '81. Lebensentwürfe, Alltagskulturen, Zukunftsbilder — Hamburg 1981

Jugendwerk der deutschen Shell (Hg.): Jugend '85 und Erwachsene — Frankfurt 1985

Klages, H.: Krise der Arbeitsgesellschaft; Verhandlungen des 21. dt. Soziologentages in Hamburg 1982

Knapp, I.; Hofstätter, M.; Palank, F.: Wunsch und Wirklichkeit — Wien 1987

Knapp, I.; Verzetnitsch, F.: Lehrling '81 — Wien 1981

Knapp, I.; Verzetnitsch, F.: J.O.B.-Report — Wien 1983

Knapp, I.; Verzetnitsch, F.: Arbeitslust? Arbeitsfrust? — Wien 1985

Kvale, St.: Prüfung und Herrschaft — Weinheim/Basel 1971

Oltmanns, K.: Du hast keine Chance, aber nütze sie — Reinbeck bei Hamburg 1980
ÖIBF: Bildungsmaßnahmen für Jugendliche ohne Berufsbildung — Wien 1984
ÖIBF (Hg.): Drop-out. Theoretische Studie zur Untersuchung — Manuskript, Wien 1989
ÖIBF: Forderungen an die Zukunft. ÖGB Mitgliederbefragung 85 — Bericht Wien 1985
ÖIBF (Hg.): Wie reagieren die Jugendlichen auf die gegenwärtige Situation auf dem Arbeitsmarkt? — Wien 1986
ÖIBF: Facharbeiter in Österreich. Prognose bis 2001 — Wien 1986
ÖIBF: Jugendkultur — Projektbericht Wien 1986
ÖIBF: Lehrlinge am Arbeitsmarkt — Wien 1989
Peters, O.: Anmerkungen zum Studienabbruch — ZIFF Papiere 73, Hagen 1988
Rosenthal, R.; Jacobsen, L.: Pygmalion im Unterricht. Lehrererwartung und Intelligenz der Schüler — Weinheim/Berlin/Basel 1971
Rumpf, H.: 40 Schultage. Tagebuch eines Studienrates — Braunschweig 1967, 3. Auflage
Seidl, P.: Versager auf höheren Schulen — Wien 1969
Torberg, F.: Der Schüler Gerber — München 1980, 7. Auflage
UNO: The Situation of Youth in the 1980s and Prospects and Challenges for the Year 2000 — New York 1986
Welbergen, J.: Die Jugend und ihre Zukunftschancen — Hamburg 1979

Unterstützung der Jugendlichen bei schulischen Problemen (männlich)

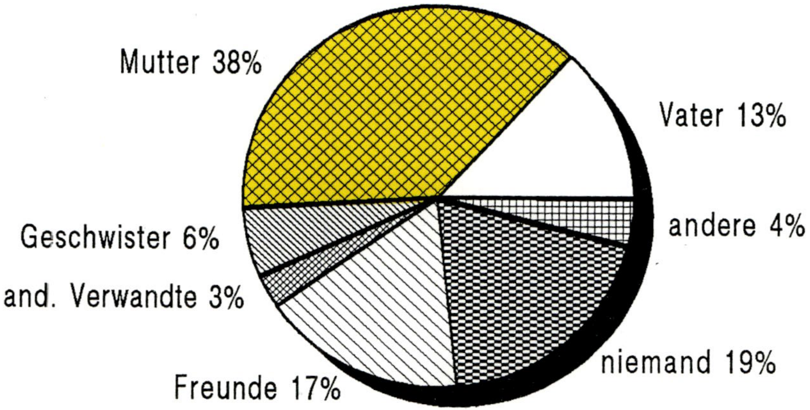

Grafik: ÖIBF

Unterstützung der Jugendlichen bei schulischen Problemen (weiblich)

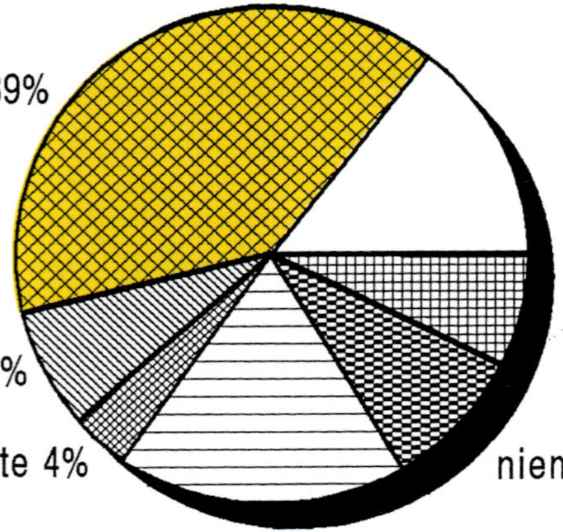

Grafik: ÖIBF

Unterstützung der Jugendlichen bei privaten Problemen (männlich)

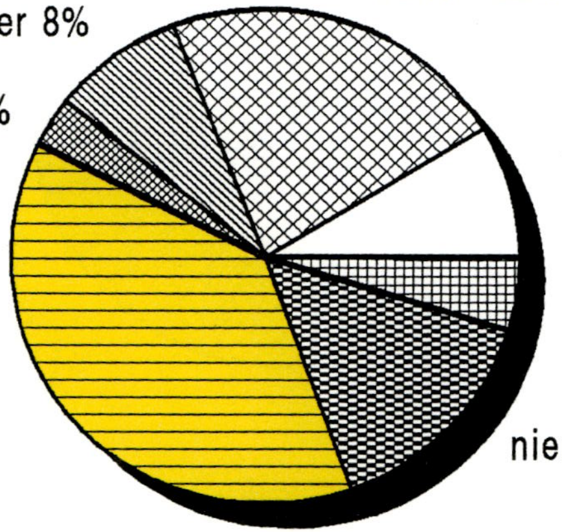

Grafik: ÖIBF

Unterstützung der Jugendlichen bei privaten Problemen (weiblich)

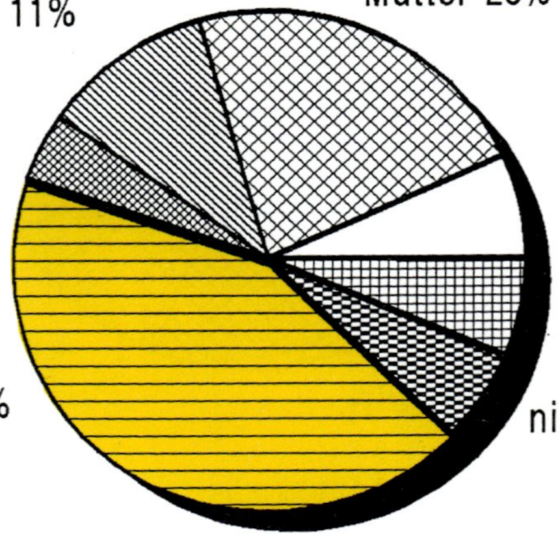

Grafik: ÖIBF

Unterstützung der Jugendlichen bei der Berufswahl (männlich)

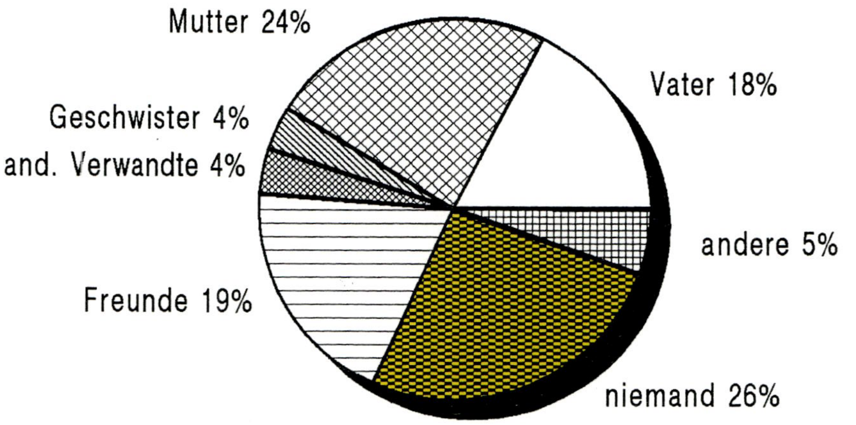

Grafik: ÖIBF

Unterstützung der Jugendlichen bei der Berufswahl (weiblich)

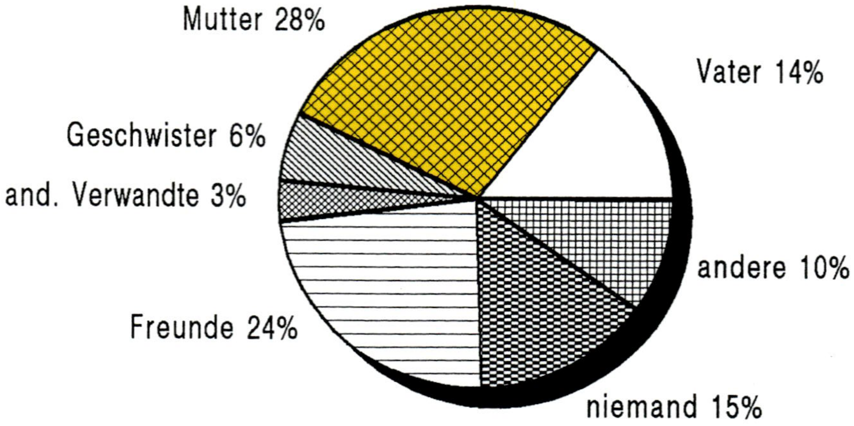

Grafik: ÖIBF

Gründe für die Wahl des derzeitigen Berufes

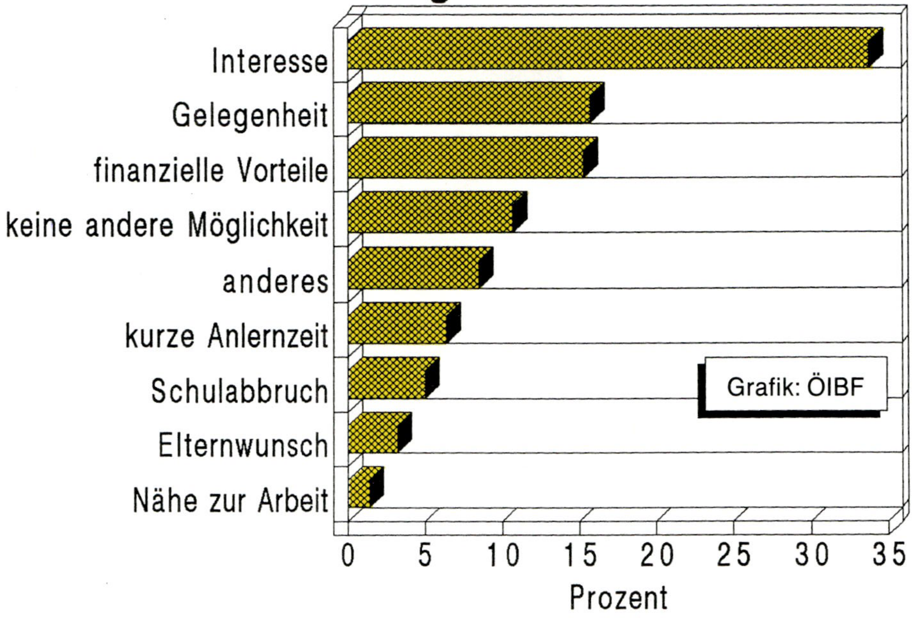

Zeitspanne bis zum Ergreifen des ersten Jobs

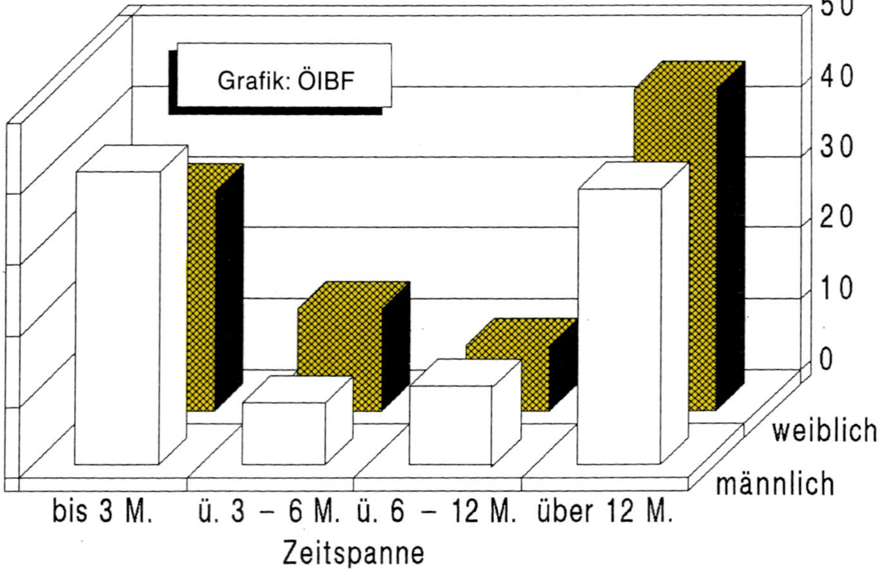

Derzeitige Tätigkeit

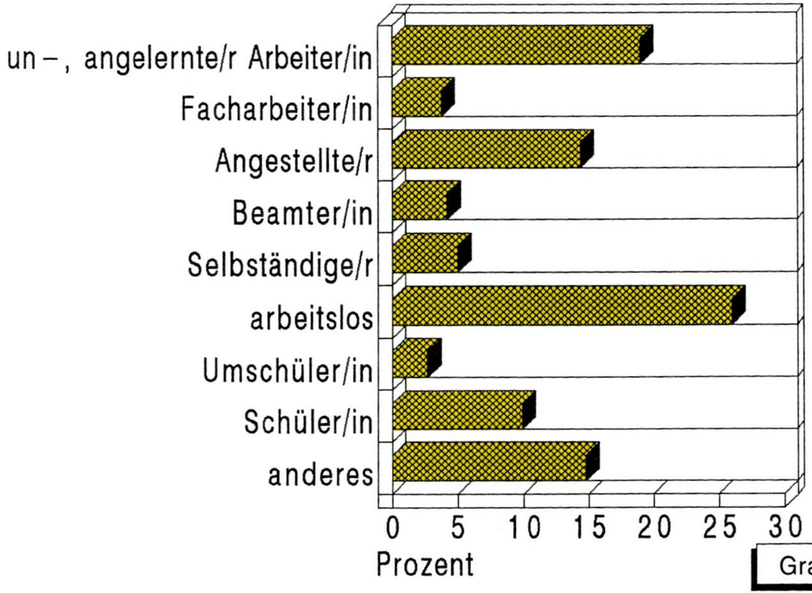

Grafik: ÖIBF

Wissen um die berufliche Zukunft im Alter von 14 Jahren

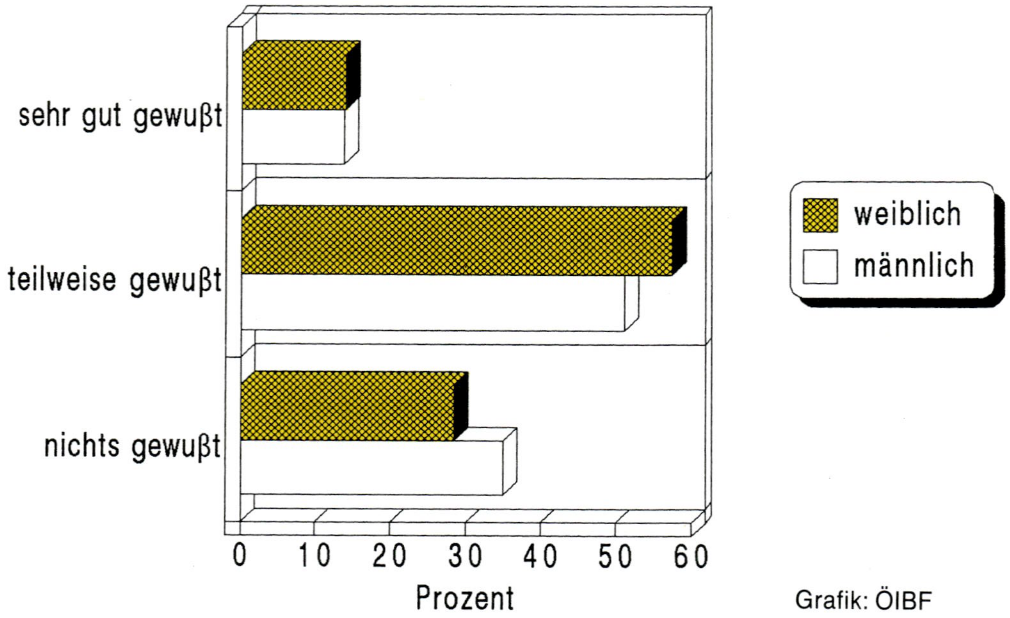

Grafik: ÖIBF

Verhalten bei Wiederholung der Bildungsentscheidung n. d. Pflichtschule

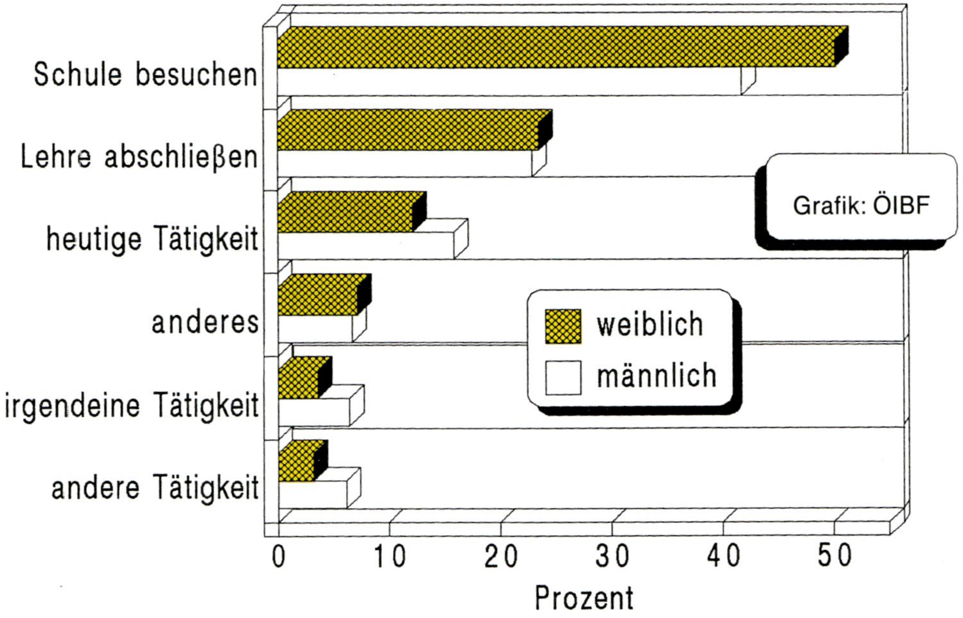

Drop-Outs aus weiterführenden Schulen

AHS (1983/84 – 1986/87)

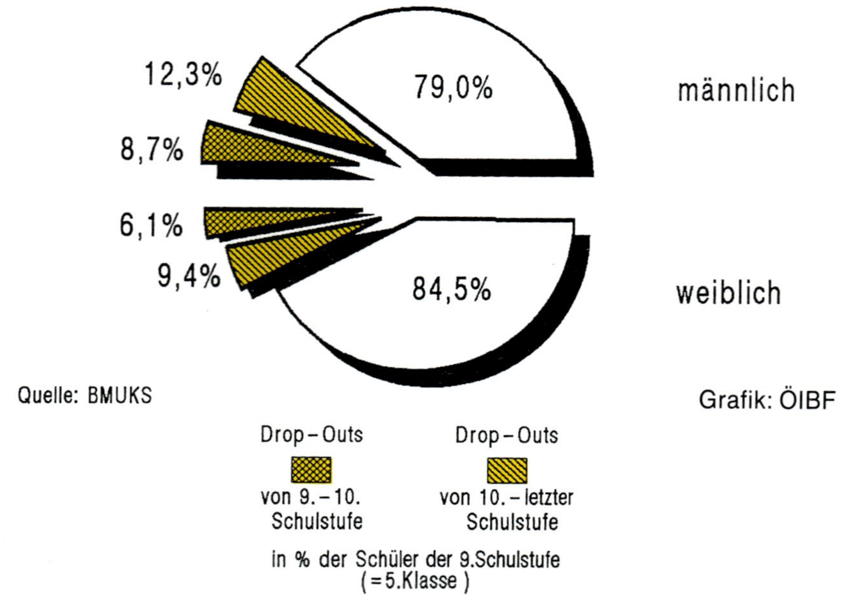

Drop-Outs aus weiterführenden Schulen

BHS (1983/84 – 1987/88)

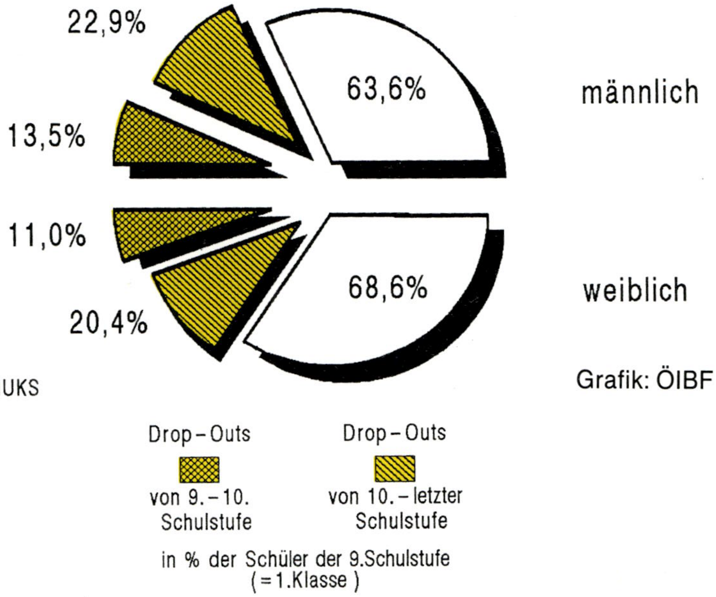

Quelle: BMUKS

Grafik: ÖIBF

Drop-Outs aus weiterführenden Schulen

3jährige BMS (1983/84–1985/86)

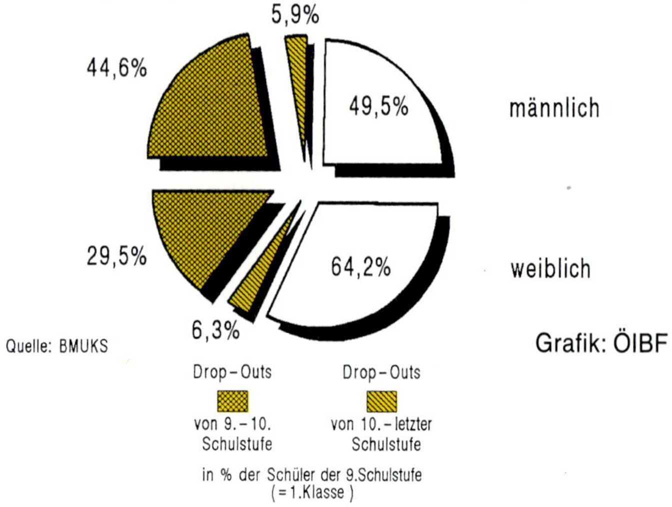

Drop-Outs aus weiterführenden Schulen

4jährige BMS (1983/84–1986/87)

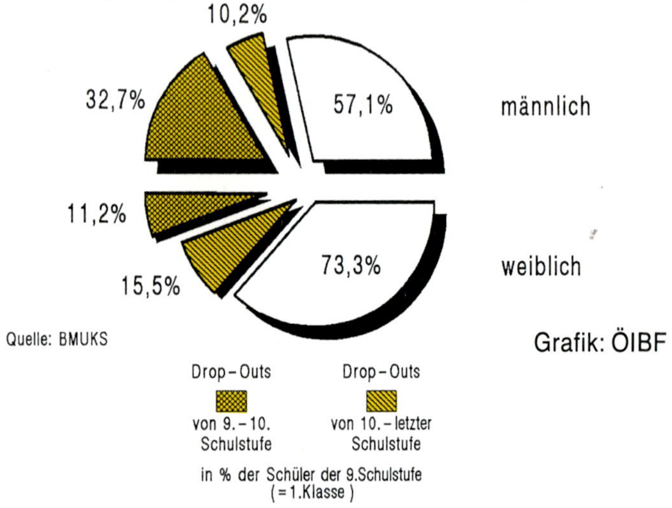

Drop-Outs aus weiterführenden Schulen bzw. Lehren

(bezogen auf die 10. Schulstufe = 1984/85)

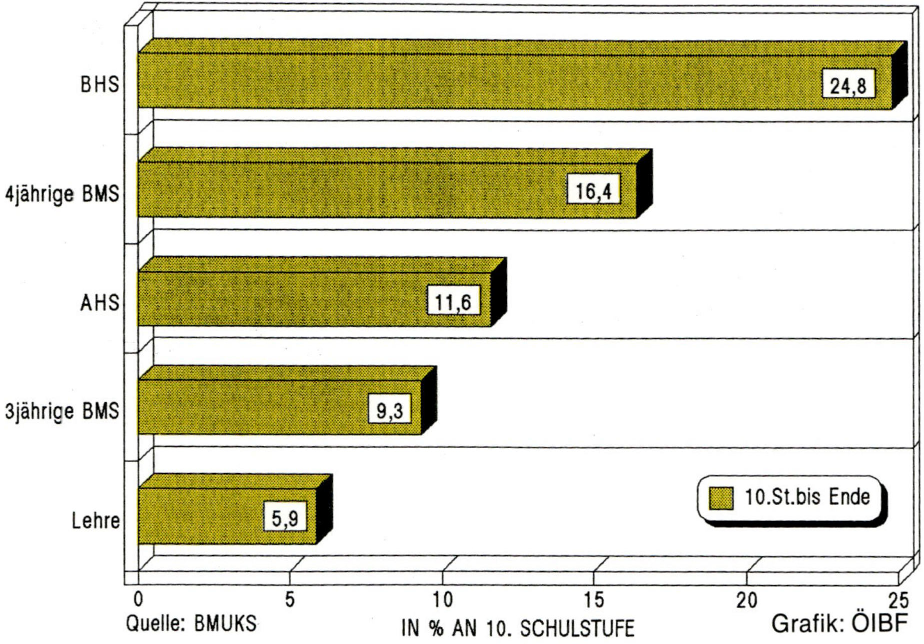

Quelle: BMUKS

Grafik: ÖIBF

Schulnoten im Abgangszeugnis

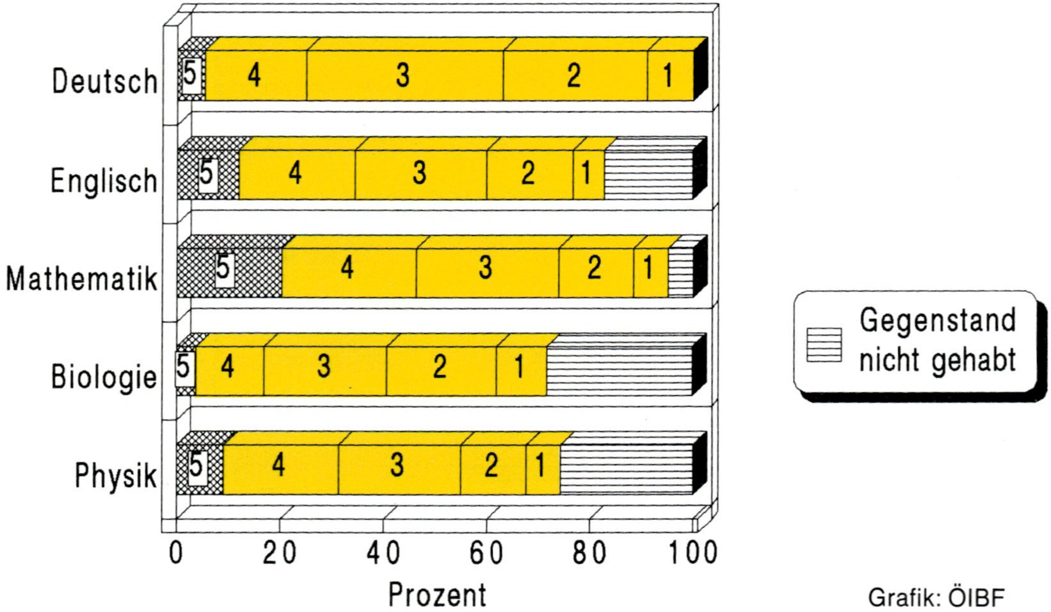

Grafik: ÖIBF